MBA

GUÍA VISUAL

T0321313

MBA
GUÍA VISUAL

Todo lo que aprendí en dos años
en la escuela de negocios

Jason Barron

OCEANO

MBA. GUÍA VISUAL
Todo lo que aprendí en dos años en la escuela de negocios

Título original: THE VISUAL MBA. Two Years of Business School Packed
into One Priceless Book of Pure Awesomeness

© 2019, Jason Barron

Publicado según acuerdo especial con Houghton Mifflin Harcourt
Publishing Company

Traducción: Karina Simpson

Ilustraciones de portada e interiores: Jason Barron
Fotografía del autor: © Jackie Barron

D. R. © 2020, Editorial Océano de México, S.A. de C.V.
Homero 1500 - 402, Col. Polanco
Miguel Hidalgo, 11560, Ciudad de México
info@oceano.com.mx

Primera edición: agosto de 2020

ISBN: 978-607-557-186-7
Depósito legal: B 14116-2020

Hecho en México / Impreso en España
Made in Mexico / Printed in Spain
9005040010820

A Jackie, Josh, James, Jonah, Josie y Junie
(mi mundo entero)

Contenido

Prefacio

En resumen, este libro abarca dos largos años de estudios en la Facultad de Negocios, compactados cuidadosamente en un volumen muy bien ilustrado.

Los expertos afirman que 60% de las personas aprende visualmente y, aceptémoslo, más allá de eso, 100% de la gente no quiere leer cosas aburridas. Ahora bien, con este libro puedes comprender más rápido, absorber mejor y recordar más pronto las ideas más importantes y útiles que aprenderías al estudiar una Maestría en Administración de Empresas (en lo sucesivo MBA, por sus siglas en inglés).

Haré un breve comentario sobre las ilustraciones. Años atrás, Mike Rohde acuño el término *nota visual* y desde entonces he sido su seguidor. En vez de tomar largas notas lineales que nadie (incluyéndote a ti) volverá a leer, sentí que si tan sólo se capturaran visualmente los puntos principales se crearía un recurso mucho más interesante y útil para volver a ellos después. Como bien dicen: "Una imagen vale más que mil palabras".

Al inicio de mi MBA, me propuse la loca meta de probar y crear "notas visuales" a lo largo de todo el programa. Y algo inesperado sucedió. Para ser una clase llena de gente extremadamente inteligente (todos más listos que yo), me sorprendió el alto nivel de interés que tuvieron mis compañeros sobre mis notas visuales conforme las hacía.

Lo que tienes frente a ti es el producto final de todas las notas visuales que realicé mientras estudié en la Escuela de Negocios Marriot de la Universidad Brighman Young. Si nunca has asistido a una Facultad de Negocios (y si no lo haces jamás), si ya has asistido a alguna o si actualmente estás estudiando un MBA, creé este libro pensando en ti. Cada capítulo está basado en clases tradicionales de la Facultad de Negocios, y está repleto de conceptos acompañados por una narrativa escrita que te ayudarán a comprenderlo todo.

Siéntete libre de echar una ojeada, de saltarte capítulos o navegar a lo largo del contenido como tú quieras. Las únicas reglas son que te diviertas, que tengas curiosidad y que descubras por ti mismo. Te dará gusto hacerlo.

Ahora reclínate, relájate y disfruta la sensación de todo ese conocimiento empapando tu (genial) cerebro.

Nota del autor

Eres inteligente: yo tomé 86 días de clases, soporté 516 horas de conferencias diversas, realicé un sinnúmero de tareas y gasté miles de dólares en colegiaturas, y tú te puedes beneficiar de todo eso con este libro, por sólo una módica cantidad y en la comodidad de tu hogar. Excelente decisión de negocios.

Mi nombre es Jason Barron y soy diseñador. Siempre he estado haciendo garabatos, incluso cuando no debería, como en la escuela cuando era niño. Veinte años después no he cambiado mucho. Excepto que decidí poner a trabajar mi hábito de garabatear cuando cursé mi MBA en una de las 40 mejores facultades de negocios del mundo, en la Universidad Brigham Young.

Cada clase hacía notas visuales de lo que decía el profesor, incluyendo reflexiones clave y aquellas que surgían a partir de las lecturas de tarea. Capturaba la esencia de lo que nos enseñaban y entonces filtraba las lecturas complejas para convertirlas en conceptos sencillos.

El resultado final es este libro, que vale más que el oro. Es la gallina que continúa dando exquisitos huevos de oro en forma de páginas de papel. Ahórrate incontables horas y lee este libro de forma divertida, rápida y memorable (te va a encantar; y si no, se lo puedes regalar a alguien más).

¿Estás listo para volverte más inteligente (si eso es posible, ya que tú eres un genio)? ¡Manos a la obra!

CAPÍTULO UNO
LIDERAZGO

El liderazgo es más que dirección. Se trata de inspirar el cambio y mejorar los resultados por medio de tu forma de ser y de la manera en que motivas a los demás.

Estrategia
Crear la visión a futuro y posicionar a la compañía para el éxito continuo

Ejecución
Desarrollar sistemas organizacionales para lograr resultados basados en la estrategia

Gestión de talentos
Motivar e involucrar a los empleados y comunicarse con ellos

Desarrollo de talentos
Entrenar a los empleados para el liderazgo del futuro

Preparación personal
Actuar con integridad, ejerciendo inteligencia social y emocional, tomando decisiones audaces y generando confianza

¿CUÁL ES LA MARCA DE TU
LIDERAZGO?

Cuando la gente te ve, ¿qué piensan o sienten acerca de ti? Ésa es tu marca.

5 PASOS
para desarrollar una marca que
TENGA RESULTADOS

1) Determina los resultados que quieres lograr en los próximos 12 meses

Asegúrate de considerar los intereses de tus clientes, inversionistas, empleados y de la organización como un todo.

2) Decide cuál es la característica por la que te quieres dar a conocer

Al ver tus resultados, ¿cómo quieres que te perciban? Elige seis adjetivos con los que quieras darte a conocer. Por ejemplo: modesto, optimista, dedicado, etcétera.

3) Combina para definir

Combina tus seis adjetivos en tres frases de dos palabras. Por ejemplo: modestamente optimista, desinteresadamente dedicado, etcétera.

4) Escribe la declaración de tu marca de liderazgo y ponla a prueba

Quiero darme a conocer por ser (tres frases) para que yo pueda lograr _____. Después pregúntate: "¿Esto es lo que mejor me representa?", "¿Representa algún valor para mis accionistas?", "¿Conlleva riesgo?"

5) Conviértelo en algo real

Comparte tu marca con otros y pregúntales si sienten que se alinea con quien eres en realidad. Realiza los ajustes necesarios. Lo más importante es que tu marca es una promesa, así que conviértela en algo real y CÚMPLELA.

7 LA PRIMERA IMPRESIÓN TOMA SEGUNDOS ③

① Ajusta previamente tu ACTITUD

② Ajusta tu POSTURA

③ SONRÍE

④ Haz CONTACTO VISUAL

⑤ Levanta tus CEJAS

⑥ Da la MANO

⑦ ACÉRCATE

Motiva a tus empleados para que dejen de lado la indiferencia y se comprometan con la autonomía, el dominio y el propósito de su actividad. Dales libertad para ser creativos, buenos en lo que hacen y tener un propósito en su trabajo.

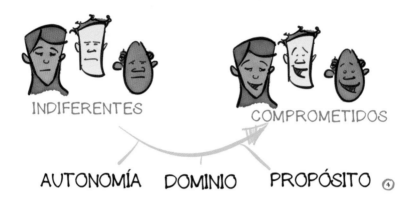

INDIFERENTES   COMPROMETIDOS

AUTONOMÍA   DOMINIO   PROPÓSITO ④

Si quieres ser feliz en tu trabajo debes lograr el punto de equilibrio. Necesitas un balance entre la competencia (ser muy bueno en algo), la pasión (¿tengo que decir algo más?) y la oportunidad (que exista una necesidad en el mercado).

COMPETENCIA   PASIÓN

PUNTO DE EQUILIBRIO

OPORTUNIDAD ⑤

CAMBIA EL CONTEXTO DEL LUGAR DONDE LA GENTE TRABAJA, Y LA GENTE CAMBIARÁ

¿A QUÉ "HUELE" EL LUGAR?   ⑥

Aunque es difícil cambiar a las personas, nada las transforma más rápido que el cambio de su ambiente. Así, el ambiente da forma a la cultura.

Mira a tu alrededor. ¿A qué "huele" el lugar donde trabajan? ¿Es sofocante? ¿Los impulsa al cumplimiento del trabajo? ¿Es silencioso? ¿Hay cubículos aislados? ¿El ambiente se siente apagado? Ésa es tu cultura. Cambia eso y la gente cambiará con tu cultura.

MANEJA TU ENERGÍA NO TU TIEMPO   ⑦

LOGRO

ESTRÉS / PRESIÓN

Un poco de estrés es útil para aumentar el desempeño, pero llega un momento en que el desempeño disminuye. Asegúrate de tomar descansos, hacer ejercicio y relajarte para mantener tu nivel de desempeño.

4c DEL DESEMPEÑO EN EQUIPO ⑧

① CONTEXTO

¿CUÁL ES EL AMBIENTE?
¿CUÁL ES EL ESTILO?

METAS

RECOMPENSAS

El **CONTEXTO** incluye el sistema de recompensas, metas, cultura, estilo y ambiente en el cual trabajará el equipo.

② COMPOSICIÓN

HABILIDADES Y PERSONALIDAD

La **COMPOSICIÓN** incluye quién está en el equipo, así como sus habilidades y personalidad para realizar el trabajo. En este aspecto es crucial contratar a las personas correctas que encajen con el equipo.

③ COMPETENCIAS

ESTABLECIMIENTO Y LOGRO DE METAS

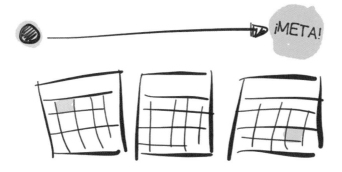

Las **COMPETENCIAS** se tratan de tener a las personas correctas cuyas habilidades combinadas puedan resolver el problema. Es fijar la meta correcta y hacer uso de las habilidades del equipo para lograrla.

④ CAMBIO

ADAPTABILIDAD

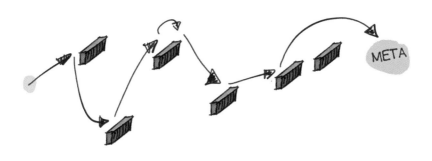

El **CAMBIO** incluye la habilidad del equipo para adaptarse a circunstancias que cambian con rapidez mientras trabajan para lograr la meta.

CAPÍTULO DOS

INFORMES
FINANCIEROS
CORPORATIVOS

La contabilidad es el lenguaje de los negocios. Para saber cómo mejorar tu compañía debes llevar registro de cómo está funcionando. Todo este curso gira en torno a estos tres estados financieros.

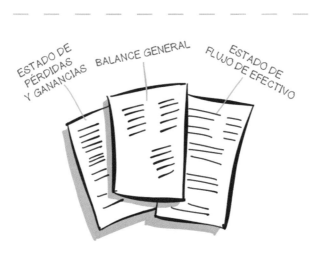

Eres el nuevo CEO (director general) de un puesto de limonada. Necesitas un préstamo de $50 (pasivo) para comprar algunos activos. Compras el puesto por $20 y te quedan $30.

BALANCE GENERAL
(ESTADO DEL VALOR NETO)

INSTÁNTANEA AL MOMENTO, COMPUESTA DE:

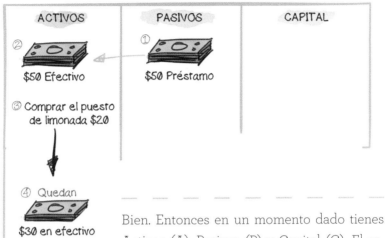

ACTIVOS	PASIVOS	CAPITAL
② $50 Efectivo	① $50 Préstamo	
③ Comprar el puesto de limonada $20		

④ Quedan

$30 en efectivo
+

Limonada

Con valor de $20

Bien. Entonces en un momento dado tienes Activos (A), Pasivos (P) y Capital (C). El secreto es Activos = Pasivos + Capital. Eso se llama "ecuación contable". Tu préstamo fue de $50 (Pasivo), lo usaste para comprar un puesto por $20 (Activo) y tienes $30 en efectivo (Activo). Tienes una deuda de $50 (Pasivo) y $50 de activos. A = P + C.

ECUACIÓN CONTABLE

$$A = P + C$$

ACTIVOS	PASIVOS	CAPITAL
	(Deuda)	(Accionistas $)

$90

¡PUM! Acabas de vender $90 en limonada. Bien hecho. Tu hoja de balance ahora se ve así:

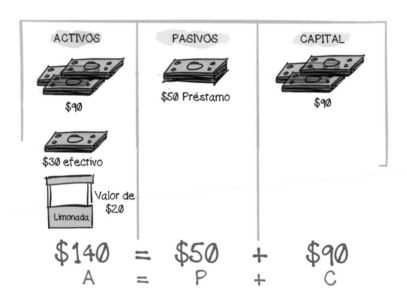

ACTIVOS PASIVOS CAPITAL

$90

$30 efectivo

Valor de $20
Limonada

$50 Préstamo

$90

$$\$140 = \$50 + \$90$$
$$A = P + C$$

Una hoja de balance es una instantánea en el momento y un buen indicador de tu valor neto como negocio. Ahora veamos tu estado de resultados.

ESTADO DE RESULTADOS

Alias: "Pérdidas y ganancias" o "Ingresos"

(Ventas)

INGRESOS - GASTOS = GANANCIAS NETAS

INGRESOS

VENTAS	$90
COSTO DE VENTAS	$20
UTILIDAD BRUTA	$70

$70 / $90 = 77% (Margen de utilidad bruta)

GASTOS DE OPERACIÓN

GASTOS DE ADMINISTRACIÓN	$3
INGRESO OPERATIVO	$67
(alias BAII)	

$67 / $90 = 74% (Margen de utilidad operativa)

GASTOS RESTANTES

IMPUESTOS	$2
INTERÉS	$1
UTILIDAD NETA	$64

$64 / $90 = 71% (Margen de utilidad neta)

Muy bien. Vendiste $90, pero los vasos, el azúcar y los limones te costaron $20. Tu ganancia bruta es de $70. También tuviste que pagar algunos gastos de administración. Eso te dejó con un ingreso operativo o BAII (Beneficio antes de Intereses e Impuestos). Entonces debes descontar los intereses y los impuestos, lo que te deja con una utilidad neta de $64.

ESTADO DE FLUJOS DE EFECTIVO

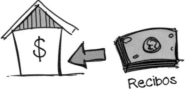

Recibos

Pagos

ELLOS PUEDEN SER:

① ACTIVIDADES OPERATIVAS~~~~~ EL RESULTADO DE UN ESTADO
 + VENTA DE MERCANCÍAS   DE FLUJO DE EFECTIVO ES EL
 — COMPRAS DE INVENTARIO   EFECTIVO NETO DE LAS
 — SALARIOS PAGADOS   OPERACIONES
 — ETC.

② ACTIVIDADES DE INVERSIÓN

 + VENTA DE ACTIVOS

 — COMPRA DE ACTIVOS

EL EFECTIVO ES
UN ACTIVO
IMPRODUCTIVO

③ ACTIVIDADES DE FINANCIACIÓN

 + EMISIÓN DE ACCIONES

 + FINANCIAMIENTO   ¡ÚSALO!

 — PAGOS DE PRÉSTAMOS   PARA COMPRAR ACTIVOS

LOS PLANES SIEMPRE APARECEN DURANTE
UNA CRISIS, PERO ES NECESARIO TENERLOS
CON ANTELACIÓN

META ➡ PLANEACIÓN ➡ EVALUACIÓN ➡ AJUSTES

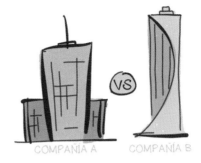

COMPAÑÍA A   COMPAÑÍA B

DIAGNOSTICA ○ COMPARA

Los estados financieros de TAMAÑO COMÚN son maravillosos para saber cómo avanzas a lo largo del tiempo, o para comparar una compañía con otra en una industria similar. Lo único que debes hacer es dividir todo entre las ventas para ver dónde están las diferencias.

		Año 2	Año 1
INGRESOS			
VENTAS	$90	100%	67%
COSTO DE VENTAS	$20	(22%)	(33%)
UTILIDAD BRUTA	$70	78%	33%
GASTOS OPERATIVOS			
GASTOS ADMINISTRATIVOS	$3	(3%)	(2%)
INGRESO OPERATIVO (alias BAII)	$67	74%	31%
GASTOS RESTANTES			
IMPUESTOS	$2	(2%)	(1%)
INTERÉS	$1	(1%)	(1%)
UTILIDAD NETA	$64	71%	28%

PROFORMA

La factura proforma es tan sólo una forma elegante de decir "cómo podrían ser las cosas en el futuro". Es un pronóstico que se basa en un aumento de las ventas. Observa tu estado financiero y todo lo que contiene depende de las ventas. En este caso, digamos que el COSTO DE VENTAS (CDV) y los gastos ADMINISTRATIVOS aumentan con las ventas.

Si las ventas aumentan 20%, ¿cuál será nuestra ganancia neta? Revisa la página anterior y fíjate que el CDV fue 22% de ventas y tus gastos administrativos fueron de 3%. Si $90 aumenta un 20% ($108), entonces calcula cuánto es 22% y 3% (CDV y administrativos, respectivamente) de $108.

INGRESOS

		Proforma
VENTAS	$90	$108
COSTO DE VENTAS	$20	$23.76
UTILIDAD BRUTA	$70	$84.24

GASTOS OPERATIVOS

GASTOS ADMINISTRATIVOS	$3	$3.24
INGRESO OPERATIVO (alias BAII)	$67	$81

GASTOS RESTANTES

IMPUESTOS	$2	$2
INTERÉS	$1	$1
UTILIDAD NETA	$64	$78

COEFICIENTES FINANCIEROS

Los coeficientes financieros son una gran forma de comparar cómo vas a lo largo del tiempo, para diagnosticar cualquier problema o para comparar una compañía con otra de una industria similar. **A continuación, enlisto algunos de los más comunes.**

Coeficiente de endeudamiento
Promedio financiero: qué tanta deuda se utiliza para financiar tus activos.

Pasivos totales / Capital contable

Coeficiente de liquidez inmediata
Liquidez: la capacidad de tu compañía para afrontar sus obligaciones a corto plazo. Entre más alto sea el coeficiente, más alta será la capacidad.

Activos circulantes / Pasivos corrientes

Coeficiente de rendimiento sobre el capital
Ganancia generada con el dinero invertido por los accionistas.

Ingreso neto / Capital contable
(%)

Coeficiente de utilidad
La eficiencia en el control de los costos para convertir los ingresos en ganancias. Cuanto más alto sea el número, mejor.

Utilidades netas / Ventas netas

LA ESTRATEGIA DUPONT

Es un conjunto de ecuaciones que muestra algunas de las fortalezas y debilidades de la compañía y cómo afectan el rendimiento de capital.

$$\text{RENDIMIENTO DE CAPITAL} = \frac{\text{Ingreso neto}}{\text{Ventas}} \times \frac{\text{Ventas}}{\text{Activos}} \times \frac{\text{Activos}}{\text{Capital}}$$

Cómo funcionan las acciones

Cuando comenzaste con tu puesto de limonada estableciste que habría 100 acciones. Te uniste a un socio de negocios y ahora cada uno de ustedes es dueño de 20 acciones. Por lo tanto, ambos son dueños de 20% del negocio. Su compañía hoy vale $204, ¿entonces cuánto vale cada acción?

Valor de la compañía: $204 ($64 ingresos netos + $140 acciones)
$204/100 (acciones) = $2.04 por acción

Cada uno posee

20 x $2.04 = $40.80

CAPÍTULO TRES
DIRECCIÓN DE EMPRENDIMIENTO (EMPRENDER)

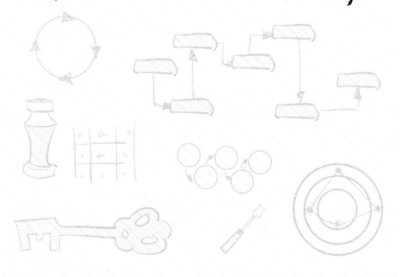

La dirección empresarial consiste en resolver problemas desconocidos (sufrimiento) con soluciones desconocidas (innovación). La clave para resolver la incertidumbre es identificarse con el sufrimiento, y la clave para encontrar la solución correcta es la experimentación.

RESOLVER PROBLEMAS DESCONOCIDOS   CON   SOLUCIONES DESCONOCIDAS

BUSCAR EL SUFRIMIENTO

EXPERIMENTACIÓN

"EL ENSAYO Y EL ERROR ILUMINADOS TRIUNFAN SOBRE LA PLANEACIÓN DEL GENIO SOLITARIO."

—PETER SKILLMAN
PRESIDENTE DE IDEO

Realiza tu experimento. Comienza con lo que sabes. Entonces, ¿qué es lo desconocido (pregunta o hipótesis)? Diseña tu experimento, llévalo a cabo, aprende e intenta una y otra vez hasta lograr un producto exitoso.

Tu idea debe ser deseable, factible y viable. Si falta cualquiera de esas características, tu producto está limitado desde su nacimiento.

SUFRIMIENTO. Es el ingrediente esencial para la innovación. Busca soluciones improvisadas que la gente haya creado en la ausencia de algún producto. Cuanto más profundo sea el sufrimiento, más grande será la oportunidad.

CUALQUIER PROBLEMA O NECESIDAD
NO ATENDIDA A LOS QUE LOS CLIENTES
DEDICAN TIEMPO O DINERO
PARA RESOLVER.

SIEMPRE BUSCA EL SUFRIMIENTO <PROFUNDO

Para lograr una amplia adopción del producto se necesita un equilibrio entre el precio, los beneficios, la facilidad de uso y la facilidad de compra. Si existen fortalezas en todas estas áreas, el porcentaje de adopción será mucho mayor.

ESCALA DE ADOPCIÓN ②

BAJO PRECIO

FACILIDAD DE COMPRA

BENEFICIOS SUPERIORES

FACILIDAD DE USO

PRODUCTO A   PRODUCTO B   PRODUCTO C

"LA SIMPLICIDAD ES LA SOFISTICACIÓN MÁXIMA."
—Steve Jobs

"Cuando empiezas a revisar un problema y parece ser muy simple y con soluciones simples, entonces no comprendes realmente su complejidad... Pero luego te adentras en el problema y te das cuenta de que es muy complicado. Y se te ocurren muchas soluciones complicadas... Ahí es donde la mayoría de la gente se detiene... Pero una gran persona en verdad continuará y encontrará la llave... el principio subyacente del problema. Y así surgirá una solución hermosa y elegante que funciona."

—Steve Jobs (citado por Steven Levy en *The Perfect Thing*). ③

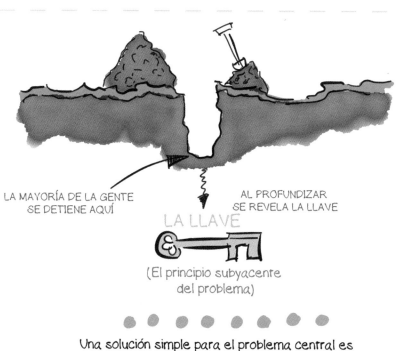

LA MAYORÍA DE LA GENTE SE DETIENE AQUÍ

AL PROFUNDIZAR SE REVELA LA LLAVE

LA LLAVE

(El principio subyacente del problema)

Una solución simple para el problema central es

ELEGANCIA

NO TODO SUFRIMIENTO ES DIGNO DE SER RESUELTO

USA TU ENERGÍA EN

LO MÁS RENTABLE

(LAS MONTAÑAS MÁS ALTAS)

Puedes tener la mejor idea para algo que no es tan rentable o bien que no es un sufrimiento tan grave para la gente. Encuentra las áreas de sufrimiento no resuelto que también sean rentables y posibles.

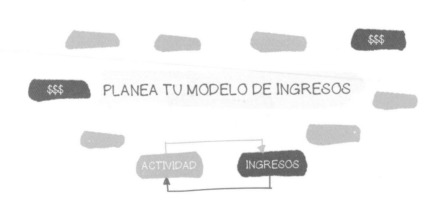

PLANEA TU MODELO DE INGRESOS

ACTIVIDAD   INGRESOS

Planea tu ingreso para aprovecharlo al máximo. Identifica las actividades y los clientes de los cuales proviene tu ingreso. También intenta reducir cualquier punto de fricción por recibir el ingreso.

FIJAR EL PRECIO

Fijar el precio es uno de los aspectos más críticos en la creación de nuevos productos. Si el precio es muy bajo, pierdes dinero. Si el precio es demasiado alto, pierdes clientes. El truco es encontrar formas de fijar el precio perfecto. Una de las mejores formas de aclarar cuál es el precio perfecto es encuestar a los clientes.

PREGUNTA: ¿CUÁNTO ESTARÍAS DISPUESTO A PAGAR POR ESTO?

¿CUÁNTAS VECES POR (MES, AÑO) PAGARÍAS x?

2.00	5.00	10.00
10	6	1
$20	$30	$10

↑
¡GANADOR!
PRECIO @ $5.00

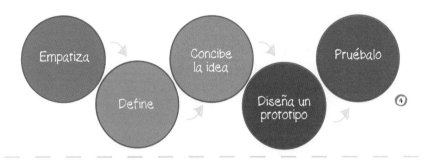

Al Instituto de Diseño de Stanford (conocido como d.school) se le ocurrió este brillante proceso para la innovación. Es una forma rápida para descubrir innovaciones y validarlas.

Cuando Walt Disney estaba construyendo sus parques temáticos, se arrodillaba para ver el parque desde la perspectiva de un niño. La empatía es el primer paso crítico para comprender el mundo de tus clientes y desarrollar productos o experiencias que satisfagan sus necesidades.

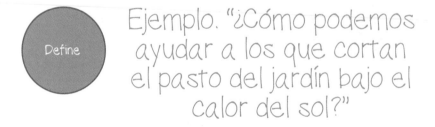

Ejemplo. "¿Cómo podemos ayudar a los que cortan el pasto del jardín bajo el calor del sol?"

Basado en lo que has aprendido sobre la empatía, ¿cuál es el problema que te enfocarías en resolver? Elabora un enunciado justificable del problema.

Concibe la idea

Ahora toma lo que has aprendido con el problema en mente y comienza a pensar en ideas. Cuantas más ideas, mejor.

Diseña un prototipo

Depura tus ideas y desarrolla un prototipo. Puedes hacerlo con cinta adhesiva y papel. Este prototipo es sólo para validar tu idea y probarla con la gente. No tiene que ser muy elaborado.

Pruébalo

Encuentra a algunas personas que se adapten a tu mercado meta y prueba tu prototipo con ellas. ¿Qué funcionó? ¿Qué no funcionó? ¿Qué aprendiste? Toma esos aprendizajes y regresa al proceso de Concebir la idea -> Diseñar el prototipo -> Probar de nuevo.

CAPÍTULO CUATRO

CONTABILIDAD ADMINISTRATIVA

La contabilidad administrativa es para uso interno y su finalidad es informar las decisiones, mientras que la contabilidad financiera es para uso externo (inversionistas, etcétera).

Fijos ·· **2** ·· Variables

Permanecen igual con el incremento de la producción

TIPOS DE COSTOS

Cambian conforme cambia el nivel de producción

ej. Renta $10

ej. Alimento
Sólo porque estás vendiendo más
0.75 por bebida

Llevas registro separado de los costos fijos y variables y no los unificas porque fundamentalmente son diferentes. La renta de $10 es fija, mientras que cuanta más limonada vendes, más aumentan los costos (y las ganancias).

Costo   Volumen   Utilidad

El análisis de Costo-Volumen-Utilidad suena sofisticado, pero es simple. Sólo tomas el precio de venta, le restas el costo unitario y luego lo multiplicas por el volumen que crees que vas a vender. Esto te ayuda a comprender cómo los cambios en el costo afectarán el ingreso operativo y el ingreso neto.

Ingreso - Costo = Contribución marginal
(Ventas)

La "Contribución marginal" también suena complicada, pero es tan sólo lo que te queda por unidad después de restar el costo para "contribuir" a pagar tus costos fijos (en este caso, el puesto de limonada).

Entonces, vendemos nuestra limonada a $1. El azúcar y los limones cuestan 0.75 por vaso. Así que... tenemos una ganancia de 0.25 que puede "contribuir" a pagar nuestro costo fijo de renta de $10.

Contribución marginal

$1 - 0.75 = 0.25

Usarla para "contribuir" a tus costos fijos

$10 Renta al mes
(Costo fijo)

Lemonade

Aquí es donde todo se vuelve genial. Estás planeando tu negocio y piensas: "Caray, mi renta cuesta $10, mi limonada se vende a $1 y yo gano 0.25 de utilidad. ¿Cuántos vasos debo vender para cubrir la renta?".

$$\$10 / (\$1 - 0.75) = 40 \text{ vasos debo vender para salir tablas}$$

¡Excelente! Ya estás avanzando. Si vendes $160 de limonada, tu costo variable (costo unitario multiplicado por el número de vasos vendidos) sería de $120 (0.75 × 160). Aplica el restante ($40 utilidad) a tu costo fijo y acabas de obtener $30 de utilidad. ¡Así se hace!

¡HOY VENDÍ 160 VASOS!

$$(\$160 - \$120) - \$10 = \$30 \text{ utilidad}$$

160 x $1   160 x $0.75   Fijo

METAS

Quiero ganar $1,000 de utilidad en un mes

$$\frac{\text{Costo fijo + Meta}}{\text{Contribución marginal}}$$

$$\frac{\$10 + 1,000}{.25} = ¡4,040 \text{ vasos!}$$

CBA

Cálculo de COSTOS — **BASADO** — **en la ACTIVIDAD**

USA EL CBA PARA COMPRENDER
LOS GASTOS GENERALES

- ELECTRIDAD - $5
- MANTENIMIENTO - $2 } $8 de gastos generales
- LIMPIEZA- $1
- ETC...

El cálculo de costos basado en la actividad es importante para comprender los gastos generales en los que se incurrirán en el curso normal del negocio. Analizar los costos te ayudará a saber lo que cuestan realmente las actividades, y cuáles vale la pena seguir haciendo.

EL PROCESO DE ADMINISTRACIÓN [1]

PLANEACIÓN
- ANÁLISIS CVU
- PRESUPUESTACIÓN OPERATIVA

TOMA DE DECISIONES

EVALUACIÓN
- CENTROS DE INVERSIÓN

CONTROL
- CÁLCULO DE COSTOS BASADO EN LA ACTIVIDAD (CBA)

El proceso administrativo es bastante claro. Al Planear, Controlar y Evaluar tendrás información para la toma de decisiones.

CAPÍTULO CINCO
FINANZAS
EMPRESARIALES

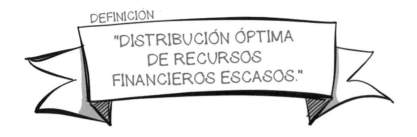

"DISTRIBUCIÓN ÓPTIMA
DE RECURSOS
FINANCIEROS ESCASOS."

RIQUEZA DE LAS NACIONES

f(Recursos naturales, trabajo, innovación, capital financiero)

El uso deficiente en la obtención, la asignación y la distribución de recursos financieros conduce al uso deficiente de recursos naturales, trabajo e innovación en una economía. En este curso nos enfocamos en la UTILIZACIÓN óptima.

UTILIZACIÓN

ÓPTIMA

¿CÓMO DEBEMOS USARLO?

① DECISIONES VA/NO VA

② COMPRA Y VENTA DE ACTIVOS

③ EFICIENCIAS OPERATIVAS

La cadena del capital comienza con el capital que se usa para comprar activos, para desarrollar productos que generan ventas y aumentan los ingresos netos. Los coeficientes financieros ayudan a analizar qué tan eficientemente estamos manejando la cadena del capital.

Todos los bienes y servicios están influidos por el tiempo. La utilidad del efectivo son flujos de efectivo futuros, y esos flujos de efectivo están influidos por el tiempo. Recibir $100 ahora en comparación a recibirlos en cinco años cambia su valor. A continuación veremos cómo se calcula esto.

CUÁNTO PAGARÍAS

AHORA

POR UNA PROMESA DE $1,000

EN 5 AÑOS

¡POR SUPUESTO
MENOS DE $1,000!

ENTONCES...
¿CUÁNTO?

La siguiente parte parece intimidante, pero en realidad es muy fácil. Intuitivamente sabes que obtener $1,000 ahora no es lo mismo que obtenerlos en cinco años. Podrías hacer mucho con ese dinero (invertirlo en la bolsa de valores, etcétera). Entonces, ¿cuánto valen ahora mismo esos $1,000 en cinco años?

Puedes invertirlos en otra parte y obtener ganancias, pero también debes considerar algunos riesgos en caso de que no se pague en su totalidad. Esos riesgos se incluyen en la "tasa de descuento" (4% en este caso, pero puede ser la que tú quieras).

$$1. \quad VP = \frac{FE_t}{(1+d)^t}$$

$$2. \quad VP = \frac{\$1,000}{(1+0.04)^5}$$

$$3. \quad VP = \$821.93$$

Te daré $821.93 (Lo que vale)

¡O BIEN! Si tú das menos ($700),
tendrás un valor presente neto positivo
$121.93

Analicemos lo anterior. VP es lo que estás tratando de descifrar (valor presente). FEt es tan sólo la suma total en el futuro, en este caso $1,000. (1 + d) es tan sólo añadir 1 + 4% t. El resultado es 5 (5 años). ¡Listo! Ahora sabes lo que vale.

VALOR ACTUAL
(LO QUE INTENTAS DESCIFRAR)

SUMA TOTAL
FLUJO DE EFECTIVO EN
ESE PERIODO. EN ESTE CASO
SON $1,000 EN 5 AÑOS.

$$VP = \frac{FEt}{(1 + d)^t}$$

PERIODO
DE TIEMPO

TASA DE DESCUENTO
INCERTIDUMBRE
:
A MAYOR INCERTIDUMBRE,
TASA MÁS ALTA

$2,000

¿DEBERÍA COMPRAR ESTA PODADORA
PARA MI NEGOCIO DE PAISAJISMO?

(2,000)

AÑO	FLUJOS DE EFECTIVO ANUALES	VALOR PRESENTE DE LOS FLUJOS DE EFECTIVO
1	1,000	$1,000 / (1 + 10\%)^1 = 909.09$
2	1,000	$1,000 / (1 + 10\%)^2 = 826.45$
3	1,000	$1,000 / (1 + 10\%)^3 = 751.31$
4	1,000	$1,000 / (1 + 10\%)^4 = 683.01$
5	1,000	$1,000 / (1 + 10\%)^5 = 620.92$

$3,790.79

COMPRA

(2,000)

$1,790.79

Armado con este poder, puedes saber si una podadora realmente vale o no la inversión al revisar el flujo de efectivo que te aportará a lo largo del tiempo.

CAPÍTULO SEIS
MARKETING

El marketing se trata de promover productos y servicios. Primera regla: no intentes servir a todos. Segmentas el mercado disponible, luego marcas un segmento meta y entonces posicionas el producto.

SEGMENTO

POSICIÓN

Posiciona el producto alrededor de lo que valora tu mercado meta.

¿Con quién PODRÍAMOS comerciar?

MERCADO META

¿Cómo nos posicionamos para tocar los corazones y las mentes de la gente?

¿Con quién DEBERÍAMOS comerciar?

EL MARKETING GENERA DINERO
POR LA SEGMENTACIÓN

¿A QUIÉN NO QUEREMOS
VENDERLE?

LA RESPUESTA A ESTA
PREGUNTA TE LLEVA
MUY LEJOS

¿Acaso Walmart hace
marketing para todos?
No

Enfoque: Gente que
busca comprar
a precios bajos

¿QUIÉN es tu cliente, y quién NO LO ES?

Éste es uno de los pasos más difíciles en marketing. Queremos venderle a todo el mundo, pero si intentamos hacerlo terminaremos diluyendo el mensaje de nuestro producto y entonces no le va a atraer a nadie. Enfócate en quién es tu mercado meta y posiciona desde ahí.

La segmentación y la determinación del mercado meta pueden ser abordados de la siguiente manera: por más que nos encantaría que todo el mundo fuera nuestro cliente, eso no va a suceder. En vez de eso, busca el mercado potencial y después el mercado actual disponible. Segméntalos y enfócate en los clientes potenciales más valiosos.

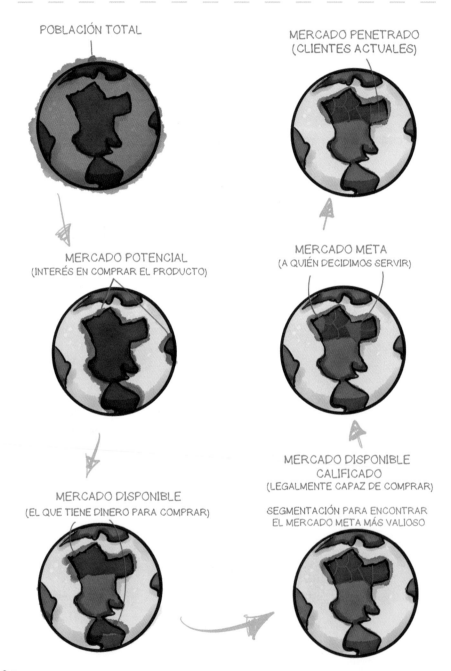

POBLACIÓN TOTAL

MERCADO PENETRADO
(CLIENTES ACTUALES)

MERCADO POTENCIAL
(INTERÉS EN COMPRAR EL PRODUCTO)

MERCADO META
(A QUIÉN DECIDIMOS SERVIR)

MERCADO DISPONIBLE
CALIFICADO
(LEGALMENTE CAPAZ DE COMPRAR)

MERCADO DISPONIBLE
(EL QUE TIENE DINERO PARA COMPRAR)

SEGMENTACIÓN PARA ENCONTRAR
EL MERCADO META MÁS VALIOSO

La jerarquización es una gran manera de desarrollar tu producto, ver cómo se conecta con tu mercado meta y decidir cómo usar eso para crear materiales de marketing.

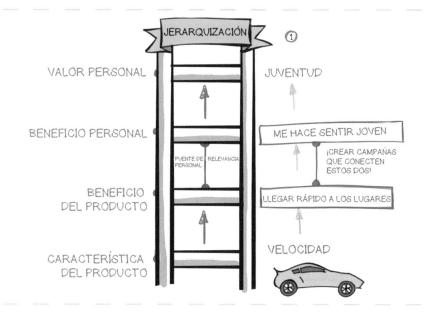

Pregúntale a tus más grandes admiradores qué les gusta (una característica en particular), por qué les gusta (beneficio del producto), por qué eso es importante (beneficio personal) y cómo eso se conecta a un valor personal muy importante. La magia sucede en el vínculo entre el producto y el beneficio personal.

Ahora puedes posicionar tus materiales de marketing por medio de la mirada del grupo de los amantes del producto, mientras que te enfocas en el grupo de los indecisos para ganar nuevos clientes.

Tomemos como ejemplo nuestro puesto de limonada y realicemos algunas entrevistas al grupo de amantes. Deberías terminar con un "Mapa de Valor Jerárquico"[1] como el que aparece aquí abajo. Cuando detectas patrones de respuesta puedes resaltar esas líneas y enfocarte en las que están en el puente de relevancia personal..

"¿Qué es lo que más amas de nuestra limonada?"

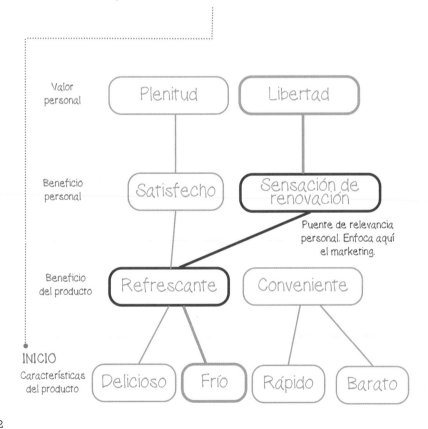

Valor personal: Plenitud — Libertad

Beneficio personal: Satisfecho — Sensación de renovación

Puente de relevancia personal. Enfoca aquí el marketing.

Beneficio del producto: Refrescante — Conveniente

INICIO
Características del producto: Delicioso — Frío — Rápido — Barato

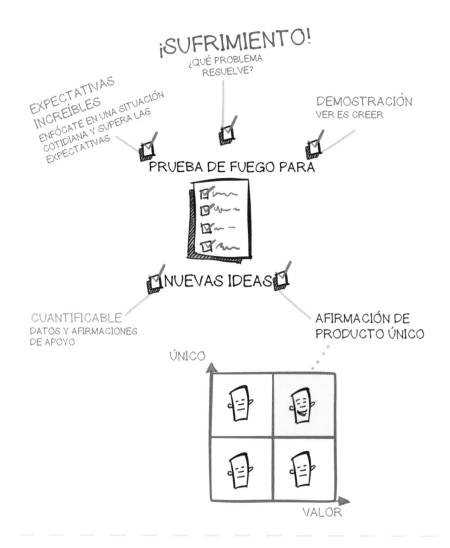

Cuando trabajes en nuevas ideas y promociones, asegúrate de pasar esta prueba de fuego. Entre más dimensiones poseas de las mencionadas, tu perspectiva será más nítida. Una buena forma de descubrir si tienes una buena idea es preguntar si la gente compraría el producto y a qué precio.

PREGUNTA

"En una escala del 1 al 10, ¿qué tan probable es que compres esto?"

CUALQUIER RESPUESTA ARRIBA DE 7.5 ES UNA MARAVILLA POTENCIAL

MARCA

LA SUMA TOTAL DE LAS IMPRESIONES FORMADAS POR MEDIO DE PUNTOS DE CONTACTO

- SITIO DE INTERNET
- ANUNCIOS
- EMAIL
- SERVICIO AL CLIENTE

ADMINISTRA TU MARCA GESTIONANDO TUS PUNTOS DE CONTACTO

Las marcas NO son logos, gráficos o eslóganes. Ésos son artefactos que ayudan a la familiarización con tu marca, pero una marca es algo mucho más profundo. ¿Qué impresión deja en tus clientes? ¿Cuáles son tus puntos de contacto con ellos?

3 ESENCIALES DEL BRANDING

1 EMPATIZA CON TUS CLIENTES
2 DIFERÉNCIATE DE TUS COMPETIDORES
3 MOTIVA A TUS EMPLEADOS

QUÉ: DAMOS FELICIDAD A LOS NIÑOS

CÓMO: HACIENDO JUGUETES

: PORQUE LOS NIÑOS SON NUESTRO FUTURO Y CADA UNO DE ELLOS MERECE SONREÍR EN UN MUNDO SOMBRÍO

Pensamos que a la gente le importa lo que hacemos, o cómo lo hacemos. De hecho, no les importa. A la gente le interesa saber POR QUÉ hacemos lo que hacemos. Eso es lo que somos en el fondo, y eso se vuelve nuestro mantra, que actúa como muro de contención de todas las decisiones que consideremos. Pregunta: "¿Esta decisión se alinea a nuestro objetivo central?". Si no es así, no la tomes.

MANTRA DE MARCA
LO QUE SOMOS EN EL FONDO

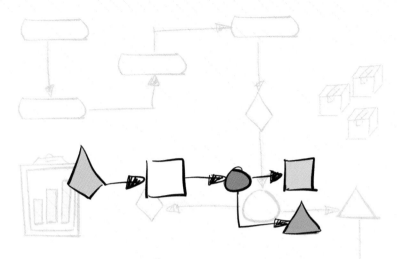

CAPÍTULO SIETE

ADMINISTRACIÓN
DE OPERACIONES

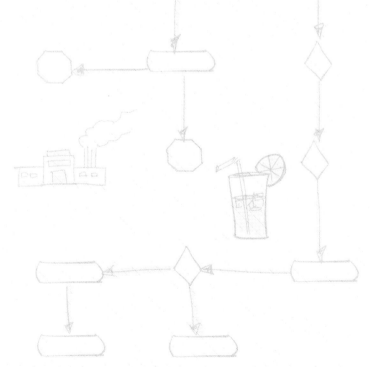

La administración de operaciones se divide en tres partes. Estás diseñando, administrando y mejorando un conjunto de actividades que crean productos y servicios y los llevan a los clientes.

DISEÑAR ADMINISTRAR MEJORAR ①

Cuando comienzas un nuevo puesto de responsabilidad, no te sientas abrumado. Mantén la calma y haz un mapa del proceso. Busca la complejidad y simplifica.

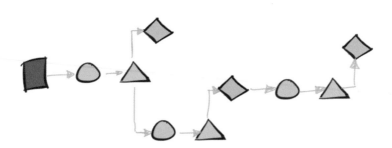

ANÁLISIS DEL PROCESO

① COMPRENDER LA OPERACIÓN ACTUAL

② COMPRENDER EL DESEMPEÑO

③ COMPRENDER EL DESEMPEÑO QUE DEMANDAN LOS CLIENTES

DESEMPEÑO

CAPACIDAD

Máxima producción de unidades por unidad de tiempo (100 pizzas por hora).

EFICIENCIA

Utilización. Tienes 100 trabajadores que por lo regular trabajan 8 horas. Si en un día hubiera sólo 700 horas consumidas por completo tu eficiencia sería del 87.5%.

$$700/(100 \times 8) = 87.5\%$$

TÉRMINOS CLAVE

Plazo de ejecución: El tiempo entre una solicitud y la entrega del producto al cliente

Productividad: La cantidad de producto que un negocio puede generar en un periodo

Tiempo de ciclo: El tiempo total desde el inicio hasta el final del proceso

Capacidad: Máximo rendimiento de un proceso, medido en unidades por unidades de tiempo

Eficiencia: El estándar de desempeño de un negocio. Todos los procesos utilizan los recursos de la manera más óptima

Cuello de botella: Un proceso lento en una cadena, el cual reduce la capacidad del conjunto

¿Tu puesto de limonada funciona eficientemente? Revisemos tu proceso y veamos qué tal le va.

UNIDAD =

PLAZO DE EJECUCIÓN = 1 UNIDAD 2:50

CUELLO DE BOTELLA = (2:00)

CAPACIDAD = 5 UNIDADES POR 12:10

EL PROCESO

¡ORDENA!

LLENA LA JARRA
:30

LLENA EL VASO
:05

REVUELVE
:05

AGREGA EL AZÚCAR
:10

CORTA Y EXPRIME
EL LIMÓN
2:00

ENTREGA AL CLIENTE

Cada cinco vasos debes rellenar la jarra. Dependiendo de la demanda, podrías estar produciendo constantemente cinco vasos al mismo tiempo para cubrirla.

A menos que reduzcas el tiempo de ciclo o que elimines un cuello de botella, producir cada tanda tomaría 12 minutos y 10 segundos. A menos que contrates a más personas, ésta es tu capacidad máxima.

Ahora bien, si por lo regular produces cinco tandas por hora (25 vasos por hora), entonces te puedes dar cuenta del uso de tu capacidad. Si sólo produjeras 17 vasos durante esta hora, tu capacidad de uso sería de 17/25 = 68%.

Éste es un simple ejemplo, pero el principio puede aplicarse en cualquier caso. Mantén la calma, analiza el proceso, encuentra formas de mejorarlo y hazlo.

CAPÍTULO OCHO

ADMINISTRACIÓN ESTRATÉGICA DE RECURSOS HUMANOS

La mayoría de los problemas en los negocios son síntomas de problemas más profundos de las personas o la empresa. Si mejoras el nivel de los recursos humanos, enriquecerás el negocio en su totalidad. El manejo de personal puede ser sistematizado para eliminar la variabilidad y aumentar la predictibilidad.

CAPITAL HUMANO

GENERA ESTE CAPITAL

CONTRATACIÓN

TENEMOS PREJUICIOS

- COMETEMOS ERRORES BASADOS EN LA INTUICIÓN
- SI "SENTIMOS" QUE LA PERSONA ES LA ADECUADA, LA CONTRATAMOS
- SI LA PERSONA ES COMO NOSOTROS, NOS CAE BIEN

CON MAYOR RAZÓN HAY QUE SER SISTEMÁTICOS AL CONTRATAR

Una forma a prueba de prejuicios para entrevistar y contratar empleados. (Yo la he aplicado al contratar, ¡y funciona muy bien!)

CONTRATACIÓN SISTEMÁTICA

1. IDENTIFICA EL MOTIVO DE LA CONTRATACIÓN

2. ARTICULA LA DEFINICIÓN DEL PUESTO

3. DEFINE LAS TAREAS A REALIZAR

4. PRIORIZA LAS TAREAS

5. DEFINE LAS APTITUDES NECESARIAS PARA EL PUESTO
   Ej. Administración de operaciones

6. REALIZA PREGUNTAS DE COMPORTAMIENTO Y EVALÚA LAS RESPUESTAS

   Ej. "PLATÍCANOS SOBRE ALGÚN MOMENTO EN EL QUE
   HAYAS CREADO UN NUEVO PROCESO OPERATIVO."

PONDERACIÓN BASADA EN LA PRIORIDAD	JOHN	SALLY	MIKE
PROCESO OPERATIVO	5	3	1
LIDERAZGO	2	5	1
RESOLUCIÓN DE PROBLEMAS	2	5	2
PROMEDIO			

7. CONTRATA Y COMIENZA

8. EVALÚA AL EMPLEADO

GRAN PARTE DE LA ECONOMÍA
DEL CONOCIMIENTO ES DISCRECIONAL

PARA REALIZAR LAS COSAS
LA GENTE DEBE

QUERER

HACERLAS

¿Entonces cómo motivas a los empleados? Revisa cómo te va con el Marcador Potencial de Motivación. Este marcador mide qué tan motivados están tus empleados actuales.

MPM

MARCADOR POTENCIAL DE MOTIVACIÓN ①
1-7 puntos (Máximo 343)

VER RESULTADOS

MPM = ((VARIEDAD DE HABILIDADES + IDENTIDAD DE LA TAREA + IMPORTANCIA DE LA TAREA) / 3) x AUTONOMÍA x RETROALIMENTACIÓN

¡BIENVENIDO!   HASTA LUEGO

ROTACIÓN (NO BUENA)

COSTO: 93-200% SALARIO ANUAL

━◦ TASA DE ROTACIÓN ANUALIZADA ◦━

$$\frac{\text{\# DE SALIDAS}}{\substack{\text{PROMEDIO DE} \\ \text{EMPLEADOS} \\ \text{DURANTE EL} \\ \text{PERIODO}}} \quad X \quad \frac{12}{\substack{\text{MESES EN UN} \\ \text{PERIODO}}}$$

TEORÍA DE LA MOTIVACIÓN-HIGIENE DE
HERZBERG

MOTIVACIÓN

OPORTUNIDADES PARA EL ÉXITO

RECONOCIMIENTO

TRABAJO GRATIFICANTE, DE ACUERDO CON LAS HABILIDADES

RESPONSABILIDAD

ASCENSO

HIGIENE

POLÍTICAS POBRES Y OBSTRUCTIVAS

SUPERVISIÓN INTRUSIVA

TEMOR A PERDER EL EMPLEO

TRABAJO SIN SENTIDO

MONITOREA A QUIENES TIENEN ALTO POTENCIAL
FACILITA SU DESARROLLO

ADMINISTRACIÓN DEL
DESEMPEÑO

 FIJA LAS EXPECTATIVAS DEL DESEMPEÑO

 MIDE LOS RESULTADOS

 BRINDA RETROALIMENTACIÓN

 PREMIA o CORRIGE

DESEMPEÑO =

COMPETENCIA x MOTIVACIÓN x OPORTUNIDAD

- ENTRENAMIENTO   - INCENTIVOS   - APOYO
                                                    - DEFINICIÓN DE ROLES
                                                    - MAYOR
                                                       RESPONSABILIDAD

ASPECTOS PARA EL ÉXITO DEL EQUIPO

HABILIDAD

COORDINACIÓN   MOTIVACIÓN

Composición

- Habilidades del equipo
- Motivación
- Tamaño del equipo

↓

DESEMPEÑO DEL EQUIPO ③

Contexto →

- Necesidad de un equipo
- Tipo de equipo necesario
- Cultura del equipo

← **Cambio**

Habilidad de monitorear
y mejorar el desempeño

↑ **Capacidades**

Habilidad del equipo
para resolver problemas,
comunicar, tomar decisiones,
manejar el conflicto, innovar

Cuando encuentres algún tipo de resistencia, apela a las emociones. La lógica es como un hombre montando un elefante (emoción). ¿Quién crees que decide a dónde ir?

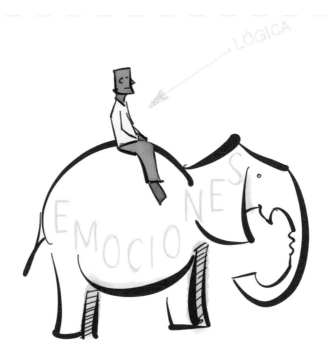

CAPÍTULO NUEVE

NEGOCIACIONES COMERCIALES

NEGOCIAMOS

30 x / Día

El enfoque de negociación es simple pero poderoso. Aplica este enfoque y obtén lo que deseas mucho más a menudo.

ESCUCHA

#1 EN LA LISTA

ORIENTACIÓN
INTERPERSONAL

Los búhos son grandes negociadores

- ESCUCHAN
- OBSERVAN
- HACEN PREGUNTAS

DISPUESTO A USAR LA AYUDA DEL EQUIPO

HABILIDADES SOCIALES

Los cumplidos no cuestan mucho, pero son efectivos.

¿Qué quieres que piensen de ti?

✓ Justo y honesto
✓ Experto, hizo su tarea (se informó)
✓ Está dispuesto a retirarse

FUENTES DEL PODER INDIVIDUAL ①

① PODER LEGÍTIMO
   - JUEZ
   - POLICÍA

② PODER DE RECOMPENSA Y COERCIÓN
   - RECURSOS ESCASOS

③ PODER EXPERTO
   - HABILIDADES
   - CONOCIMIENTOS

④ PODER REFERENCIAL
   - ME MANDÓ "X" PERSONA
   - DIPLOMÁTICOS

⑤ PODER PERSONAL
   - ENCANTO
   - CARISMA
   - POLITÍCOS

3 ATRIBUTOS CRÍTICOS

- Temperamento tranquilo
- Disciplina
- Excelente oyente

ESCUCHAR   HABLAR

3 ATRIBUTOS DE PERSUASIÓN

1. PODER
- Preparación
- Experto
- Personal

2. CREDIBILIDAD
- "No lo sé"
- Resultado "correcto"

3. ATRACCIÓN
- Mensaje
- Mensajero
  - Escucha
  - Construye confianza
  - Presta atención

Nunca te enamores de uno

Enamórate de 2

El poder en una negociación es tu MAPNA

Mejor Alternativa Para Negociar Acuerdos

FACTORES CIRCUNSTANCIALES

- METAS (COMPRADOR Y VENDEDOR)

- INTERESES

- ESCENARIO (MOMENTO Y LUGAR)

MATRIZ DE NECESIDADES Y ALTERNATIVAS (PODER)

NECESIDADES

	ALTAS	BAJAS
MUCHAS ALTERNATIVAS		Muchas ofertas de trabajo y sin necesidad apremiante
POCAS	Una oferta de trabajo desesperada	

(AVANZAR)

Quienes tienen más alternativas y menos necesidades tienen el mayor poder. ¿Cómo puedes ponerte en una posición de poder al negociar? Y también, ¿cómo puedes adaptarte a una situación en la cual la otra parte tiene más poder?

PROCESO DE LA NEGOCIACIÓN

ES CRÍTICO

Ensayar antes
de la negociación
(Incluso si es por teléfono)

El innovador

Ensaya las dos partes.
Los conoce mejor que ellos
mismos.

Tip profesional: Escribe tu declaración inicial con antelación.

$5,000

1

SI ALGUIEN
HACE UNA
OFERTA BAJA

PARA LLEGAR
AL PUNTO MEDIO

3

$20,000

2

HAZ UNA
CONTRAOFERTA
ALTA

"ENTRE MÁS RÁPIDO HABLES
DE DINERO, MENOS DINERO
OBTENDRÁS."

NEGOCIACIÓN BASADA EN PRINCIPIOS

1 SEPARA A LAS PERSONAS
DEL PROBLEMA

2 ENFÓCATE EN LOS INTERESES,
NO EN LAS POSICIONES

3 BUSCA OPCIONES PARA QUE
AMBOS GANEN

4 USA ESTÁNDARES
Y PROCEDIMIENTOS JUSTOS

CURVA DE PARETO

NOSOTROS

TODO LO
QUE NO SE GANÓ

TRATO
5 y 5

ELLOS
Obtén información para saber
cómo expandir la curva para
ambas partes

PRIMERO la explicación que la conclusión.

"Esta pluma fue a la Luna
y regresó"

"Sólo cuesta $8,000"

Los mejores negociadores
no llevan un orden lineal

 sino que
maniobran

sus

puntos

en el camino

Debes conocerlos
con anticipación.

(Escríbelos)

① ¿CUÁL ES TU META?

Tu meta es fundamental. ¿Quieres estar en lo correcto... o quieres lograr un matrimonio feliz? A veces no puedes tener las dos cosas.

② ¿CON QUIÉN ESTÁS NEGOCIANDO?

Entre mejor conozcas y comprendas a esta persona, mejores serán tus oportunidades de lograr un resultado negociado con éxito. ¿Cuáles son las "imágenes en su mente"? ¿Qué es lo que no los deja dormir en la noche? ¿Cuáles son sus esperanzas y sueños? ③

③ ¿CUÁL ES TU PLAN INCREMENTAL?

Tener un enfoque incremental siempre será mejor que poner todo sobre la mesa a la primera.

CAPÍTULO DIEZ
ESTRATEGIA

LAS 5 FUERZAS COMPETITIVAS QUE CONFORMAN LA ESTRATEGIA ①

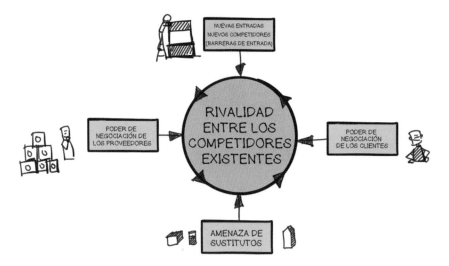

Estas cinco fuerzas pueden determinar la rentabilidad a largo plazo de una compañía. Entre más grande sea la amenaza, menores serán las ganancias. Puedes construir una defensa contra estas fuerzas, o bien encontrar una industria en la que estas fuerzas sean más débiles

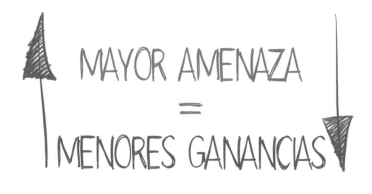

HAZ LAS COSAS DE MANERA
DIFERENTE

BASE DE DIFERENCIACIÓN

+

GENTE
LE GUSTA

ABARROTES
HARMON

MAYOR CALIDAD
PRECIOS MÁS ALTOS

APELA AL
SEGMENTO

LA PUBLICIDAD DE
OTROS NO TIENE
EFECTO SOBRE ELLOS

Si apelas al segmento de clientes y encuentras una base de diferencia-ción, entonces la publicidad de la competencia no tendrá efecto. Sé tan maravilloso que los clientes te prefieran de forma natural.

ELIGE DELIBERADAMENTE UN
CONJUNTO DE ACTIVIDADES
PARA BRINDAR UNA MEZCLA ÚNICA
DE VALOR

- DESEMPEÑA LAS ACTIVIDADES DE
  UNA FORMA DIFERENTE Y MEJOR

- DESEMPEÑA ACTIVIDADES DISTINTAS

COMPRAR ZAPATOS.
MARAVILLOSO SERVICIO
AL CLIENTE

COMPETENCIA

ENCUENTRA FORMAS PARA HACER LAS ACTIVIDADES DE MANERA DIFERENTE

QUE SATISFAGAN UNA NECESIDAD O DESEO DE LOS CLIENTES

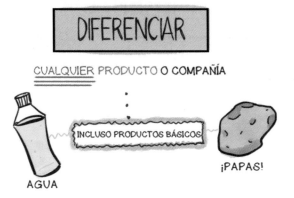

PUEDES

DIFERENCIAR

CUALQUIER PRODUCTO O COMPAÑÍA

INCLUSO PRODUCTOS BÁSICOS

AGUA

¡PAPAS!

Para la diferenciación sólo se necesita creatividad. Busca un objeto a tu alrededor. Si lo estuvieras vendiendo, ¿cómo lo diferenciarías? Si la gente puede hacer esto con los productos básicos, tú también puedes hacerlo.

BASES DE DIFERENCIACIÓN

"LOS GRANDES DIFERENCIADORES SABEN LO QUE QUIEREN SUS CLIENTES"

CUBREN UNA NECESIDAD DEL CLIENTE

- IMAGEN
- HAMBRE
- COMODIDAD
- LIMPIEZA

- BELLEZA
- ESTATUS
- ESTILO
- SABOR

- SEGURIDAD
- CALIDAD
- SERVICIO
- PRECISIÓN

- CAUSA QUE PROMUEVE
- CONFIABILIDAD
- NOSTALGIA
- SENTIDO DE PERTENENCIA

VS. VS.

LA MAYORÍA DE LA GENTE
NO DISTINGUE LA DIFERENCIA

 SI LA GENTE NO NOTA
LA DIFERENCIA,
¿CÓMO SE DIFERENCIAN?

FELICIDAD

CON MERCADOTECNIA
Y APELANDO AL
MERCADO META

¿CÓMO COMPETIRÍAS CON
ELLOS COMO UN NUEVO
REFRESCO DE COLA?

PISTA: NO POR EL SABOR

LA BASE DE LA COMPETENCIA
NO ES EL PRODUCTO

LA ESTRUCTURA
DE LA INDUSTRIA
ES IMPORTANTE

¿PERFECTAMENTE COMPETITIVA?
(LAS CINCO FUERZAS
APROVECHADAS AL MÁXIMO)

ALÉJATE

 SI QUIERES COMPETIR,
DEBES COMPRENDER
POR QUÉ LA GENTE
COMPRA

HARLEY

FABRICAR UNA MEJOR
MOTOCICLETA NO ATRAERÁ
CLIENTES. ELLOS ESTÁN
COMPRANDO UN ESTILO
DE VIDA.

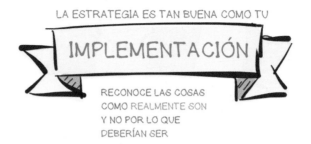

IMPLEMENTACIÓN

RECONOCE LAS COSAS
COMO REALMENTE SON
Y NO POR LO QUE
DEBERÍAN SER

Durante la Guerra Civil de Estados Unidos, el ejército de la Confederación en Gettysburg tenía una buena estrategia, pero no reconocieron las nuevas circunstancias y no supieron adaptarse a ellas. ¿El resultado? Bueno... seguro conoces el resto de la historia.

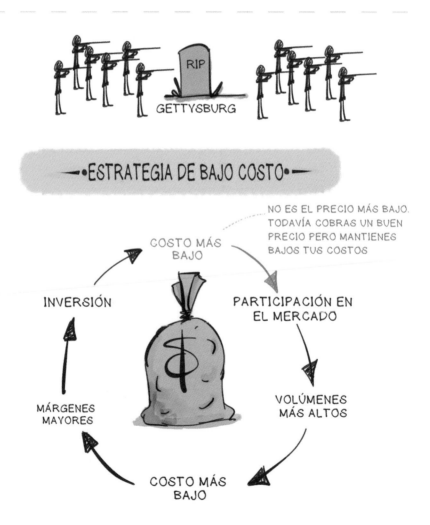

GETTYSBURG

ESTRATEGIA DE BAJO COSTO

NO ES EL PRECIO MÁS BAJO.
TODAVÍA COBRAS UN BUEN
PRECIO PERO MANTIENES
BAJOS TUS COSTOS

COSTO MÁS
BAJO

INVERSIÓN

PARTICIPACIÓN EN
EL MERCADO

MÁRGENES
MAYORES

VOLÚMENES
MÁS ALTOS

COSTO MÁS
BAJO

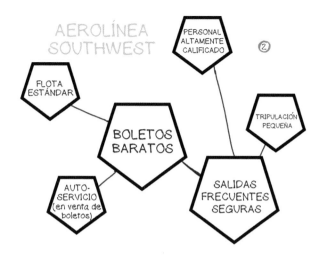

AEROLÍNEA SOUTHWEST

PERSONAL ALTAMENTE CALIFICADO ②

FLOTA ESTÁNDAR

TRIPULACIÓN PEQUEÑA

BOLETOS BARATOS

AUTO-SERVICIO (en venta de boletos)

SALIDAS FRECUENTES SEGURAS

Una compañía crea una ventaja estratégica si tiene actividades conexas diversas que sustentan el valor central que la diferencia. La aerolínea Southwest fue capaz de vencer a otras aerolíneas de boletos baratos al usar el autoservicio y una flota estandarizada, además de salidas frecuentes seguras y una tripulación pequeña, altamente calificada.

¿CÓMO VUELVES A TU COMPAÑÍA COMO DISNEY? DE ESO SE TRATA LA ESTRATEGIA.

PRODUCTO, MENSAJE DE MARKETING, POSICIONAMIENTO, SERVICIO AL CLIENTE, ETC.

=

EXPERIENCIA TOTALMENTE MÁGICA

LOS CLIENTES TIENEN TANTA PASIÓN POR TI, QUE SON INSENSIBLES A LA COMPETENCIA, Y ESO VUELVE IRRELEVANTE A LA COMPETENCIA

ANÁLISIS
DE LA
COMPETENCIA

ES UN JUEGO

JUGADORES: **TÚ Y TU COMPETENCIA**
ACCIÓN: **ENTRAR EN UN NUEVO MERCADO**
PRODUCTO: **TRAMPOLINES**
COSTO DE PRODUCCIÓN: **$75/UNITARIO**

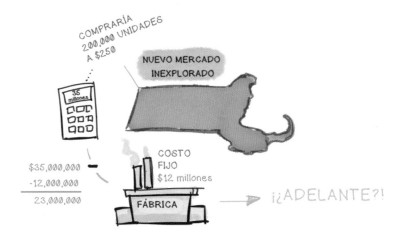

COMPRARÍA
200,000 UNIDADES
A $250

NUEVO MERCADO
INEXPLORADO

35 millones

COSTO FIJO
$12 millones

$35,000,000
-12,000,000
23,000,000

FÁBRICA

¡¿ADELANTE?!

¡ALTO!

¿QUIÉNES SON LOS
COMPETIDORES
POTENCIALES?

TRAMPOLINES
"SALTARINES"

EL JUEGO PUEDE CAMBIAR

¿CUÁLES SON SUS COSTOS FIJOS?
¿CUÁLES SON SUS COSTOS DE PRODUCCIÓN?
SI ENTRAN AL MERCADO, ¿BAJARÁ EL PRECIO?

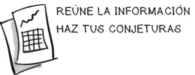

REÚNE LA INFORMACIÓN
HAZ TUS CONJETURAS

Los competidores cambian el juego. Tal vez pienses que todo está bien con tus proyecciones, pero ¿consideraste lo que sucedería si alguien más entra al mercado? ¿Eso cambiará tu precio de venta e impactará tus ganancias? Debes pensar los diversos escenarios antes de apostarlo todo.

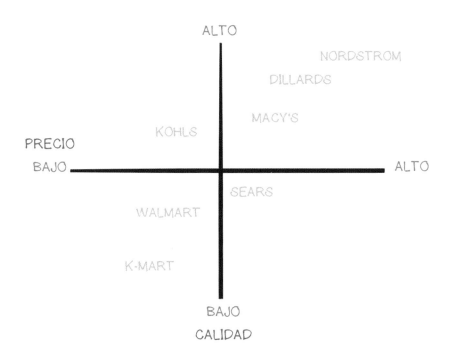

PERSPECTIVA DE LOS
CLIENTES O COMPETIDORES

ENFOQUE VEIO ③

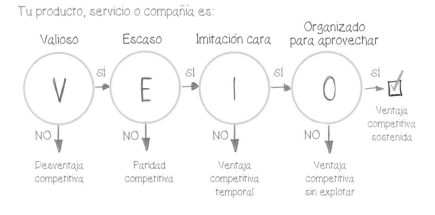

Pasar tu idea por el enfoque VEIO ayuda a determinar si tendrás o no la posibilidad de una ventaja competitiva sostenida.

OCÉANO ROJO   OCÉANO AZUL (4)

COMPETENCIA SANGRIENTA   AGUAS ABIERTAS Y SIN COMPETENCIA

- COMPITE EN UN ESPACIO DE MERCADO EXISTENTE
- VENCE A LA COMPETENCIA
- EXPLOTA LA DEMANDA EXISTENTE

- CREA MERCADO SIN COMPETENCIA
- VUELVE IRRELEVANTE A LA COMPETENCIA
- CREA Y CAPTURA NUEVA DEMANDA

 VS.

AUTOS LUJOSOS
- CAROS
- MERCADO REDUCIDO
- ELEVADOS COSTOS DE PRODUCCIÓN

MODELO T
- BARATO
- MERCADO AMPLIO
- BAJOS COSTOS DE PRODUCCIÓN

Éstas son dos clases de estrategias respecto a la competencia: Océanos Rojos y Azules. Los Océanos Rojos están llenos de competitividad. Antes del Modelo T de Ford, los autos eran caros. Henry Ford decidió crear un espacio de mercado sin competencia y con una alternativa barata: ganó.

ALIANZAS

ES NECESARIO EXPANDIR EL NEGOCIO

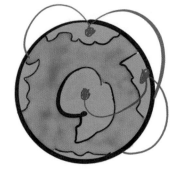

SÓLO SI PRODUCE VALOR/RECURSOS COMPLEMENTARIOS

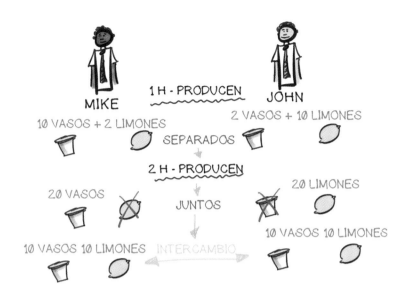

MIKE   1 H - PRODUCEN   JOHN

10 VASOS + 2 LIMONES   2 VASOS + 10 LIMONES

SEPARADOS

2 H - PRODUCEN

20 VASOS   JUNTOS   20 LIMONES

10 VASOS 10 LIMONES   INTERCAMBIO   10 VASOS 10 LIMONES

Las alianzas son críticas para expandir tu negocio, pero necesitan añadir valor que no podrías obtener por ti mismo. Si Mike puede producir 10 vasos y dos limones por hora y John puede lograr lo opuesto, podrían formar una alianza para producir más para los dos, y más rápido. Asegúrate de articular el valor específico que aportan, así como de firmar un contrato de colaboración a toda costa.

NECESITAS UN CONTRATO

CON ALIADOS
(INCLUSO SOCIOS DE NEGOCIOS)

¿PUEDES ARTICULAR
QUÉ VALOR APORTAN?

CAPÍTULO ONCE
ÉTICA
EMPRESARIAL

La ética empresarial es más que evitar que te metan a la cárcel. Vivir éticamente conduce a una vida más plena y te permite dejar un legado del cual estés orgulloso.

Prueba de divulgación

Cuando tengas dudas, pregúntate a ti mismo lo siguiente: "¿Qué pasaría si esta decisión saliera en las noticias de la noche?". Si no te gustaría, entonces no la tomes.

LAS EMOCIONES

CAUSAN PENSAMIENTOS A CORTO PLAZO

Recuerda quién quieres ser

Un elemento crítico es pasar de un pensamiento a corto plazo hacia uno a largo plazo. La mayoría de los problemas éticos surgen de las emociones, lo que provoca que pensemos a corto plazo. Todo lo que necesitas es detenerte y recordar las metas sobre quién quieres ser. ¿Esta decisión reforzará esa imagen o me alejará de ella?

PROCESO DE DECISIÓN

Dado que las emociones son fuertes cuando la ética está de por medio, usa este simple proceso para guiarte al tomar decisiones éticas.

1 - Detente y piensa

No reacciones. Primero, sólo detente y piensa.

2 - Recopila los hechos

Ahora puedes recopilar los hechos y la información. ¿Lo que estás decidiendo es algo crítico? ¿Puede esperar? ¿Quién está involucrado? ¿Qué está en juego?

3 - Piensa en las posibles soluciones

La decisión que tomes será tu mejor alternativa. Tómate tu tiempo para hacer una lluvia de ideas con la mayor cantidad posible de soluciones.

4 - Decide

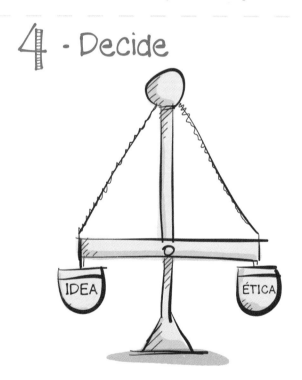

Ahora es momento de valorar tu decisión y determinar si es ética o no. Resulta útil pedir la opinión de otras personas para asegurarte de que tu juicio no sea poco claro.

CAPÍTULO DOCE

FINANZAS PARA EMPRENDEDORES

Por medio de las finanzas para emprendedores se busca generar valor lo más rápido posible por medio de una serie de actividades estratégicas.

Proceso de finanzas para emprendedores

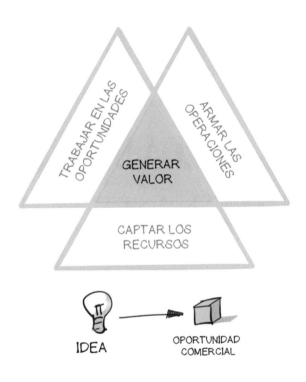

TRABAJAR EN LAS OPORTUNIDADES

ARMAR LAS OPERACIONES

GENERAR VALOR

CAPTAR LOS RECURSOS

IDEA → OPORTUNIDAD COMERCIAL

¿Cuál es el OBJETIVO FINAL?

LA COSECHA

La meta siempre es la cosecha y cómo lograrla lo más rápido posible.

APUESTA AL JINETE NO AL CABALLO

(EJECUCIÓN)

(IDEA)

EL ÉXITO DE LAS EMPRESAS DE ALTO CRECIMIENTO SE DEBE A LA EXCEPCIONAL EJECUCIÓN DE UNA IDEA ORDINARIA ——▶ **LA EJECUCIÓN ES CRÍTICA**

Hay miles de oportunidades allá afuera. Depende de ti encontrarlas. A continuación presento algunas fuentes de oportunidad de las que siempre deberías estar al tanto.

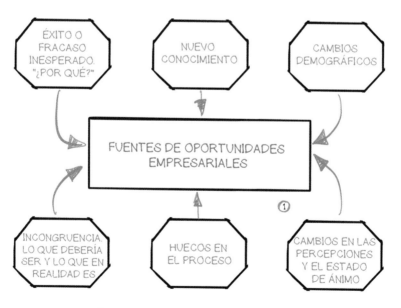

Crea una industria que resuelva los problemas que surjan de estos factores.

Antes de sumergirte de lleno en tu nueva idea, asegúrate de que sea factible. Pasarás mucho tiempo en ella, así que debes validarla primero. Revisa tus fortalezas internas y externas y luego diagrámalas por medio del análisis FODA.

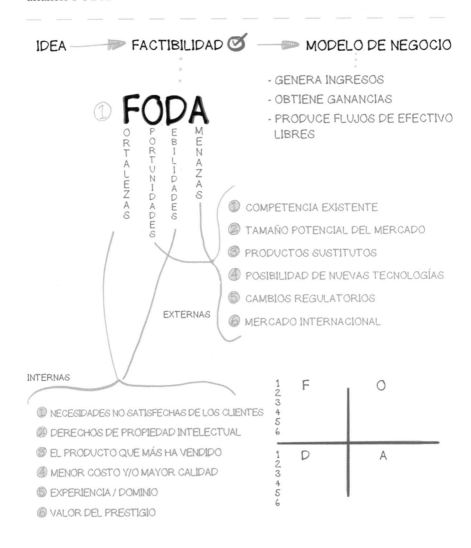

Cuando estés revisando cualquier nuevo negocio, es útil someterlo a una buena proyección. Dos formas de hacerlo es someterlo a una proyección cualitativa y a otra cuantitativa. Cuanto mayor sea el puntaje, más atractivo será para tus inversionistas.

PROYECCIÓN CUANTITATIVA

	ATRACTIVO POTENCIAL		
	ALTO 3	MEDIO 2	BAJO 1
TAMAÑO DEL MERCADO			
RENTABILIDAD			
VELOCIDAD DE LA COSECHA			
CAPACIDAD DEL EQUIPO			
VIABILIDAD			

(Suma los puntos y divídelos entre 5. El puntaje total será un número entre 1 y 3. Entre más cercano esté del 3, mejor.)

Las proyecciones cuantitativa y cualitativa de un nuevo negocio eliminan la emoción y brindan la información que necesitas para tomar una decisión sabia. Primero realiza una proyección cuantitativa para ver qué tan cercano es tu puntaje al 3. Luego entrevista al equipo directivo y realiza preguntas para conocer su visión, conocimiento y planes para el futuro.

PROYECCIÓN CUALITATIVA
ENTREVISTA AL EQUIPO DIRECTIVO

FUNDADOR   MARKETING   OPERACIONES   FINANZAS

PRODUCCIÓN

PANORAMA   CONOCIMIENTO   PREDICCIONES
GENERAL   DEL CLIENTE   FINANCIERAS

↑ BUENAS PRÁCTICAS DE ALTO CRECIMIENTO ↑

PRÁCTICAS DE MARKETING

- DESARROLLA EL MEJOR PRODUCTO O SERVICIO
- PRODUCTO O SERVICIO DE ALTA CALIDAD
- EL PRODUCTO DEMANDA PRECIOS MÁS ALTOS
- DISTRIBUCIÓN EFICIENTE Y SOPORTE SUPERIOR

PRÁCTICAS FINANCIERAS

- PREPARACIÓN DE PLANES FINANCIEROS MENSUALES Y DEL
  PLAN FINANCIERO ANUAL PARA LOS PRÓXIMOS 5 AÑOS
- MANEJA EFECTIVAMENTE LOS ACTIVOS, RECURSOS
  FINANCIEROS Y DESEMPEÑO OPERATIVO DE LA EMPRESA

PRÁCTICAS DIRECTIVAS

- CONFORMA UN EQUIPO DIRECTIVO EQUILIBRADO
  TANTO EN LAS ÁREAS FUNCIONALES COMO
  EN EL CONOCIMIENTO DE LA INDUSTRIA
- TOMA DE DECISIONES COLABORATIVA

ÉSTOS SON PARA

PLAN DE NEGOCIOS

TI

(TE HACE PENSAR EN TODAS LAS ÁREAS)

CICLO DE VIDA DE LA EMPRESA

- DESARROLLO   CAPITAL SEMILLA

- INICIO   FINANCIAMIENTO INICIAL

- CRECIMIENTO   PRIMERA RONDA DE INVERSIÓN

- EXPANSIÓN   SEGUNDA RONDA DE INVERSIÓN
                         MEZANINE O FINANCIACIÓN INTERMEDIA
                         ETAPA DE LIQUIDEZ FINANCIERA

- MADUREZ   OBTENCIÓN DE PRÉSTAMOS BANCARIOS
  (SALIDA POTENCIAL)   EMISIÓN DE BONOS
                         EMISIÓN DE ACCIONES

Una nueva empresa atraviesa cinco etapas que se correlacionan con la captación de fondos. Comienza con el desarrollo inicial y el capital semilla, hasta llegar a la madurez.

CAPITAL DE RIESGO

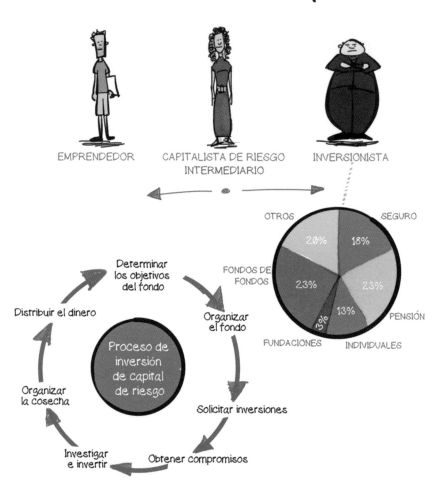

EMPRENDEDOR · CAPITALISTA DE RIESGO INTERMEDIARIO · INVERSIONISTA

Proceso de inversión de capital de riesgo
- Determinar los objetivos del fondo
- Organizar el fondo
- Solicitar inversiones
- Obtener compromisos
- Investigar e invertir
- Organizar la cosecha
- Distribuir el dinero

Gráfico circular:
- OTROS 20%
- SEGURO 18%
- FONDOS DE FONDOS 23%
- PENSIÓN 23%
- FUNDACIONES 3%
- INDIVIDUALES 13%

COMPENSACIÓN TÍPICA

20 - 2

20% GANANCIAS
Alias: INTERÉS DEVENGADO

2% RETORNO ANUAL

DIVERSIDAD DE OPINIONES. LA COMUNIDAD INVERSIONISTA ES CRÍTICA PARA EL ÉXITO

 LA MAYORÍA DE LOS FONDOS DE CAPITAL TARDA EN LA PROYECCIÓN **6** MINUTOS EN ANALIZAR

 LO QUE MÁS LES IMPORTA A LOS FONDOS DE CAPITAL DE RIESGO:
DIRECCIÓN, EQUIPO Y MERCADO

FINANCIAMIENTO

LA MEJOR FORMA DE
FINANCIAR ES MEDIANTE
LA VENTA DE ACCIONES
(AUNQUE RENUNCIAS A
SER EL DUEÑO DE TODO)

META

RENDIMIENTO 3x
O
RENDIMIENTO 6x

CONVENIO

VALUACIÓN DEL FONDO
DE CAPITAL DE RIESGO

Al trabajar con fondos de capital de riesgo, éstos buscan obtener un rendimiento 3× o 6× y requieren firmar un convenio. Siempre recuerda que en el mundo del capital privado tu reputación lo es todo. Sé fiel a tus palabras y cumple lo que prometes.

CAPITAL PRIVADO

LA REPUTACIÓN
ES TODO

Entidades comerciales

Cuando comienzas un negocio es importante conocer lo positivo y lo negativo de las diferentes entidades comerciales antes de elegir una. Cada una tiene implicaciones importantes respecto a tu exposición a las obligaciones y los impuestos. Las enlisto a continuación:

Sociedad unipersonal

Es la entidad más simple y más común. Es un negocio no incorporado y no hace distinción alguna entre el dueño y el negocio. Pero la simplicidad conlleva algunos riesgos. Sin una distinción entre el dueño y el negocio, tus bienes personales están en riesgo si alguien decide demandarte.

S.R.L.

SRL son las siglas de Sociedad de Responsabilidad Limitada. Por lo general esta es una mejor opción que la sociedad unipersonal ya que crea un amortiguador legal entre el dueño y el negocio. Esta entidad combina las características de una sociedad unipersonal y una compañía.

Sociedad Anónima tipo S

Es más complicada, con más reglas y regulaciones. Dicho esto, esta opción puede ser preferible si estás buscando financiamiento externo o emitir acciones. Siempre es bueno tener la flexibilidad de emitir acciones porque incentiva la colaboración o brinda ayuda adicional para el negocio.

Sociedad Anónima de Capital Variable (S.A. de C.V.)

Las S.A. de C.V. son como las Sociedades Anónimas tipo S, pero son gravadas dos veces (el ingreso neto de la empresa y también cuando se reparten las utilidades de los accionistas). En Estados Unidos, las S.A. de C.V. pueden tener accionistas ilimitados, mientras que las Sociedades Anónimas tipo S pueden tener máximo de 100 y deben ser ciudadanos de ese país.

5c DEL CRÉDITO

Las 5 C del crédito es lo que usan los prestamistas para evaluar a los prestatarios potenciales.

① CARÁCTER

HISTORIAL CREDITICIO Y REPUTACIÓN

El CARÁCTER también es llamado historial crediticio. Es la información de los reportes de crédito del prestatario. Estos reportes muestran cuánto has pedido prestado a lo largo del tiempo y si has pagado tus préstamos a tiempo o no.

② CAPACIDAD

CAPACIDAD DE PAGO

Es tu CAPACIDAD de pagar el préstamo. Se trata de una comparación de tu ingreso actual con tus deudas recurrentes. Al realizar esta evaluación los prestamistas también se interesan en cuánto tiempo llevas en tu trabajo actual.

③ CAPITAL

CONTRIBUCIÓN DEL PRESTATARIO

El CAPITAL es lo que tú como prestatario ya estás destinando a la inversión. Esto ayuda a que los prestamistas se sientan más seguros de que no incumplirás el pago de tu deuda.

④ COLATERALES

ACTIVOS EN GARANTÍA DEL PRESTATARIO

Los COLATERALES son los activos que pones en garantía en caso de que incumplas el pago de tu deuda. Esto le da al prestamista opciones para liquidar tus activos y cobrar así su dinero.

⑤ CONDICIONES

CÓMO LO USARÁ EL PRESTATARIO

Las CONDICIONES incluyen el monto prestado, la tasa de interés y la forma en que el prestatario planea usar el dinero. Entre más claro y enfocado sea el propósito, más oportunidades tendrás de que aprueben el préstamo.

CAPÍTULO TRECE

DELIBERACIÓN Y TOMA DE DECISIONES

Las decisiones afectan tu vida y suceden todos los días. Aprende cómo tomar las mejores decisiones para lograr resultados estelares.

CUANDO NECESITES TOMAR UNA

DECISIÓN

SÉ PROACTIVO

 Pr - PROBLEMA

NUESTRO ÉXITO DEPENDE DE LAS DECISIONES QUE TOMEMOS

 O - OBJETIVOS

 A - ALTERNATIVAS

INCLUSO LAS DECISIONES MÁS COMPLEJAS SE PUEDEN TOMAR CON ESTE PROCESO

C - CONSECUENCIAS

 Tivo - TRADE OFF ①

Este modelo hace maravillas. Es muy simple, pero puede acelerar significativamente el proceso de toma de decisiones y ayudarte a aterrizar en la decisión correcta.

 TRABAJA EN EL PROBLEMA CORRECTO

Éste es el paso más importante. Asegúrate de plantear el problema de una decisión, y también de que sea el problema CORRECTO a resolver. Por ejemplo: "¿A qué club debería inscribirme?" *versus* "¿Cómo puedo mejorar mi salud?".

 ENLISTA TODOS TUS OBJETIVOS

Revisa todos tus objetivos, uno por uno. Plantéate la pregunta: ¿qué queremos de esto? Y luego pregúntate: ¿por qué? Te sorprenderá lo que descubrirás.

 PIENSA EN TODAS TUS ALTERNATIVAS

Esta parte es muy importante. Tu decisión deberá ser tu mejor alternativa. Tómate tu tiempo para pensar varias alternativas.

Consecuencias. En una hoja de cálculo ingresa tus objetivos en la columna izquierda y todas tus alternativas junto, y después sopésalas. Después revisa cada alternativa y dale un puntaje del 1 al 3, basado en qué tan bien cumple cada objetivo. Esto te dará un indicador bastante bueno sobre qué dirección tomar.

Two — Trade off (intercambio, solución de compromiso)

	Auto 1	Auto 2	Auto 3
Comodidad	3	3	2
Espacio	2	3	2
Atractivo	2	3	3
Bajo kilometraje	1	1	3
Condición	3	1	3
Precio	2	1	3

Ahora ya deberías tener una buena idea de qué decisión tomar, pero siempre es bueno saber qué sacrificarás en cualquier alternativa posible.

LA PRÁCTICA LO HACE PERMANENTE

NUEVO GRIP DE GOLF.
PRACTICA EL SWING 100 VECES.
AL PRINCIPIO SE SIENTE RARO,
DESPUÉS SE VUELVE NATURAL.

Éste es un gran modelo para ayudarte a tomar mejores decisiones, pero no es natural. Con una práctica constante se convertirá en una segunda naturaleza para ti. Practica, practica, practica.

LAS DECISIONES TOMADAS EN
EQUIPO SON CONSISTENTEMENTE
MEJORES

CON UN SISTEMA DE
DECISIONES ACORDADO

TAMAÑO IDEAL
DEL EQUIPO
4-6

¿Cuántas veces has estado en una situación en que la gente se apresuró a resolver un problema, para descubrir después que se trataba del problema incorrecto? Ésta es una trampa común que sucede a menudo en las decisiones. A continuación encontrarás unas trampas comunes en las que todos caemos. Ten cuidado.

TRAMPAS

- AUSENCIA DE UN MODELO DE PROCESO DE JUICIO SIMPLE, PODEROSO Y COMPARTIDO

- LA PRISA POR RESOLVER
   TERMINAMOS RESOLVIENDO EL PROBLEMA INCORRECTO

- ESPECIFICAR, ARTICULAR Y EVALUAR EL DETONANTE

DE LA DECISIÓN

- AQUELLO QUE TE HACE CONSCIENTE DEL PROBLEMA

CONSEJO: PUEDE SER UNA ALTERNATIVA
   DISFRAZADA DE PROBLEMA

"¿ESTO REALMENTE ES UN PROBLEMA, O ES UNA ALTERNATIVA?"

LLAMA EL RECLUTADOR. ¿QUIERE UN TRABAJO?
   ¡NO HAY PROBLEMA!

LA PREGUNTA MÁGICA

AHORRA X PARA EL RETIRO
   ¿POR QUÉ?

MEDIO PARA
UN FIN

PASAR TIEMPO CON LA FAMILIA
   (OBJETIVO VERDADERO)

BUENA PRUEBA PARA
VALIDAR OBJETIVOS

Todos vemos al mundo desde perspectivas diferentes (enfoque). Entre más puedas ver desde las perspectivas de otros, mejor para ti.

ENFOQUE
DE JUICIO

— VER UNA SITUACIÓN DESDE MÚLTIPLES PERSPECTIVAS

IDENTIFICA: TU ENFOQUE. LOS ENFOQUES DE OTROS.

VE ENFOQUES DIVERSOS Y EXTRAE LAS MEJORES IDEAS

ESTO ES DIFÍCIL. DISONANCIA COGNITIVA. DATE PERMISO DE DISENTIR DESPUÉS. (GUERRA CONTRA LAS DROGAS)

No es fácil, pero puedes lograrlo con algo de práctica. Elige un tema complicado con el que no estés de acuerdo y permítete verlo desde una perspectiva opuesta. Entre más ángulos tengas para analizarlo, más informado estarás para tomar una decisión.

Existen dos tipos de pensamiento: sistema 1 y sistema 2. Por lo regular, nuestras mentes recurren al sistema 1 porque es más rápido y simple. Esto puede ser peligroso si siempre recurrimos al sistema 1 para tomar decisiones difíciles. Las dos mejores formas de enfrentar esto es ser conscientes de los diversos sesgos y seguir un método estructurado para la resolución de problemas.

SISTEMAS DE PENSAMIENTO: ②

SISTEMA 1
RÁPIDO, POCO ESFUERZO (SESGADO)

SISTEMA 2
PENSAMIENTO, ENERGÍA

LAS LÍNEAS TIENEN LA MISMA LONGITUD

NUESTRO SISTEMA DE PENSAMIENTO 1 CAUSA LA PERCEPCIÓN DE QUE UNA ES MÁS LARGA QUE OTRA

MANEJAR POR UNA RUTA CONOCIDA SE DEBE AL USO DEL SISTEMA 1

HEURÍSTICAS Y SESGOS

① HEURÍSTICA DE DISPONIBILIDAD

② HEURÍSTICA DE REPRESENTATIVIDAD

③ TEORÍA PROSPECTIVA

④ ANCLAJE Y AJUSTE INSUFICIENTE

⑤ EXCESO DE CONFIANZA

⑥ RAZONAMIENTO MOTIVADO

HEURÍSTICA DE DISPONIBILIDAD ③

LA GENTE BASA SUS PREDICCIONES EN LA FACILIDAD CON LA QUE UN EJEMPLO ES EVOCADO

PRIMACÍA

MAYOR PESO EN LA
INFORMACIÓN INICIAL

NOVEDAD

MAYOR PESO EN LA
INFORMACIÓN MÁS RECIENTE

SUSTITUCIÓN

LA MEDICIÓN SE CONVIERTE
EN LA ESTRATEGIA

HEURÍSTICA DE REPRESENTATIVIDAD ④

LA GENTE JUZGA LA PROBABILIDAD DE QUE UN EVENTO SUCEDA DEPENDIENDO DEL GRADO EN QUE RE PRESENTE LA INFORMACIÓN

DESCUIDO DE LA TASA BASE

LA GENTE EVALÚA
LA PROBABILIDAD
DE UN EVENTO SIN
TOMAR EN CUENTA
LA PROBABILIDAD
DE LA TASA BASE

FALACIA DEL APOSTADOR

CON 3 CARAS
SEGUIDAS,
ESPERAMOS
QUE SALGA
CRUZ

FALACIA DE LA BUENA RACHA

PENSAMOS QUE LO
ALEATORIO DEBERÍA
SER ALEATORIO.
CUANDO NO LO ES;
PENSAMOS QUE SE
TRATA DE UNA
BUENA RACHA

CORRELACIONES ILUSIORIAS E INVISIBLES

1, 19, 152, 99, 107

CUANDO VEMOS
CORRELACIONES QUE
NO EXISTEN, O NO LAS
VEMOS CUANDO SÍ
ESTÁN AHÍ

TEORÍA PROSPECTIVA ⑤

LA GENTE ES REACIA A PERDER. PREFIERE EVITAR LA PÉRDIDA A OBTENER GANANCIAS, LO CUAL LLEVA A BUSCAR EL RIESGO EN ELCAMPO DE LA PÉRDIDA, Y AVERSIÓN AL RIESGO EN ELCAMPO DE LA GANANCIA

AVERSIÓN A LA PÉRDIDA

PREFIEREN ALIVIAR EL
RIESGO DE LA PÉRDIDA,
QUE OBTENER UNA
GANANCIA

EFECTO DE DISPOSICIÓN

MANTIENE LAS ACCIONES
A LA BAJA POR MÁS
TIEMPO QUE LAS
ACCIONES A LA ALZA

EFECTOS DE ENFOQUE

LA FORMA EN QUE SE
ABORDAN LOS
PROBLEMAS DETERMINA
EL RESULTADO

PREOCUPACIÓN POR LA JUSTICIA

LA GENTE TOMA DECISIONES
ECONÓMICAMENTE
IRRACIONALES PARA EVITAR
SER INJUSTA

ANCLAJE Y AJUSTE INSUFICIENTE ⑥

LA GENTE TIENDE A CONFIAR DEMASIADO EN UNA CIFRA ANCLADA (INCLUSO ALEATORIA) AL TOMAR DECISIONES

MALDICIÓN DEL CONOCIMIENTO

A LA GENTE SE LE DIFICULTA COMPORTARSE COMO LO HACÍA ANTES DE OBTENER LA INFORMACIÓN

SESGO A POSTERIORI

LA GENTE NO ES BUENA PARA RECORDAR CÓMO APARECIÓ UNA SITUACIÓN INCIERTA ANTES DEL RESULTADO

EXCESO DE CONFIANZA ⑦

LA GENTE TIENDE A TENER CONFIANZA EXCESIVA EN SUS PREDICCIONES

"¡ESTOY 99% SEGURO!"   "NO PODRÍAN ATINARLE A UN ELEFANTE A ESTA DISTANCIA..." —GENERAL JOHN B. SEDGWICK

RAZONAMIENTO MOTIVADO ⑧

LA GENTE TIENDE A EVALUAR LA EVIDENCIA DE FORMAS CONSISTENTES CON SUS PREFERENCIAS

ILUSIONES

LA GENTE FORMA CREENCIAS BASÁNDOSE EN LO QUE LE GUSTARÍA, Y NO SUSTENTADA EN LA INFORMACIÓN

SESGO DE CONFIRMACIÓN

LA GENTE BUSCA CONFIRMAR LA EVIDENCIA DE SUS HIPOTÉSIS Y PONE MAYOR PESO EN ELLAS QUE EN LA EVIDENCIA QUE LAS NIEGA

SESGO DE SEGUIMIENTO DE INFORMACIÓN

DAR SEGUIMIENTO A LA INFORMACIÓN NOS LLEVA A DARLE MAYOR PESO

FALACIA DEL COSTO ACUMULADO

CUANTO MÁS ALTOS SEAN LOS COSTOS ACUMULADOS, MÁS PROBABLE SERÁ QUE LA GENTE MANTENGA EL RUMBO

GRUPOS

POR LO REGULAR TIENEN MEJORES OPINIONES

① **PREPARACIÓN**
LOS INDIVIDUOS GENERAN IDEAS CON ANTELACIÓN

② **DISCUSIÓN**

PRIMERA RONDA
LOS INDIVIDUOS COMPARTEN IDEAS, SIN CRITICAR NI DEBATIR

SEGUNDA RONDA
COMPARTEN IDEAS DESENCADENADAS POR LA PRIMERA RONDA

RONDA FINAL
DISCUSIÓN ABIERTA PARA ORDENAR LAS IDEAS

CAPÍTULO CATORCE

EL ROL DEL GERENTE GENERAL

La gerencia general resuelve problemas y asuntos sólo con un conocimiento limitado. Para que apoyes en la resolución de problemas, necesitas ayudar a otros a enfocar el problema correctamente y a guiarlos hacia la solución.

Básicos para la solución de problemas

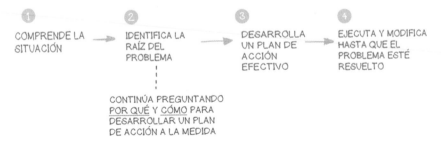

La estructuración del problema comienza al pensar en una definición IN-TELIGENTE del problema. Entonces desde ahí crear un árbol de cuestiones con todas las posibles respuestas a la pregunta.

ESTRUCTURACIÓN DEL PROBLEMA

"MI MAYOR FORTALEZA
COMO CONSULTOR ES SER
IGNORANTE Y FORMULAR
ALGUNAS PREGUNTAS."
—PETER DRUCKER

APRENDE A
FORMULAR
GRANDES
PREGUNTAS

DEFINICIÓN
INTELIGENTE DEL PROBLEMA ①

PROBLEMA
FUNDAMENTAL

ESPECÍFICA | MEDIBLE | ALCANZABLE | RELEVANTE | CON UN PLAZO

¿CÓMO DUPLICAMOS EL
NEGOCIO EN NUESTRO
PUESTO DE LIMONADA?

¿POR QUÉ LA GENTE NO
VIENE A COMPRAR
LIMONADA?

NO NOS
CONOCEN

NOS CONOCEN

NO HAN OÍDO
SOBRE NOSOTROS

HAN OÍDO,
PERO NO HAN
HECHO CASO

HAN COMPRADO

NO HAN
COMPRADO

MÁS DE
UNA VEZ

SÓLO
UNA VEZ

ÁRBOL DE CUESTIONES

Una vez que hayas creado tu árbol de cuestiones, comienza a poner a prueba las suposiciones, reúne información y corta las ramas que ya no apliquen. Esto te ayudará a llegar a la raíz y comenzar a obtener soluciones reales.

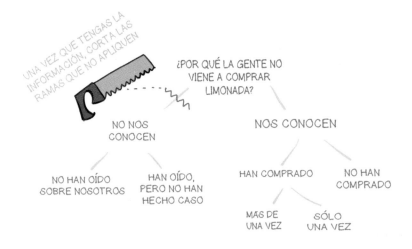

Es importante que tengas siempre frente a ti la meta con la que estás resolviendo el problema. Enfócate en una meta que tenga el mayor beneficio al menor costo.

Como consultor necesitas brindar buenas recomendaciones. Abajo presento un diagrama básico de flujo para hacer recomendaciones a los clientes.

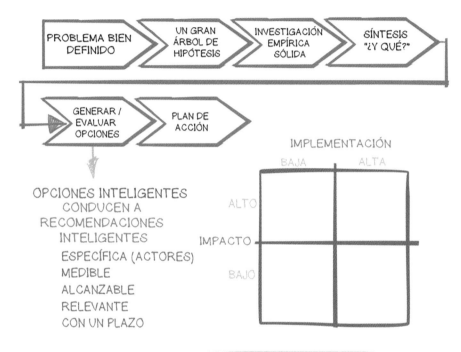

BUENAS RECOMENDACIONES

PROBLEMA BIEN DEFINIDO → UN GRAN ÁRBOL DE HIPÓTESIS → INVESTIGACIÓN EMPÍRICA SÓLIDA → SÍNTESIS "¿Y QUÉ?"

GENERAR / EVALUAR OPCIONES → PLAN DE ACCIÓN

OPCIONES INTELIGENTES
CONDUCEN A
RECOMENDACIONES
INTELIGENTES
ESPECÍFICA (ACTORES)
MEDIBLE
ALCANZABLE
RELEVANTE
CON UN PLAZO

IMPLEMENTACIÓN
BAJA   ALTA
ALTO
IMPACTO
BAJO

¿POR QUÉ APRENDER ACERCA DEL CAMBIO?

LAS GRANDES SOLUCIONES PUEDEN FALLAR
SI LA ORGANIZACIÓN NO ESTÁ LISTA

95%

DE LA GENTE QUE HACE
DIETA PARA BAJAR DE
PESO VUELVE A SUBIR EN
2-3 AÑOS.

PERDER PESO = CAMBIO

LA GENTE ODIA EL CAMBIO

2-3 AÑOS

COGNITIVO / RACIONAL

AFECTIVO / EMOCIONAL

El cambio es emocional. Encuentra formas de impulsar el cambio en la dirección correcta. Por ejemplo, en vez de dejar de comer ciertos alimentos, tan sólo empieza a usar platos más pequeños.

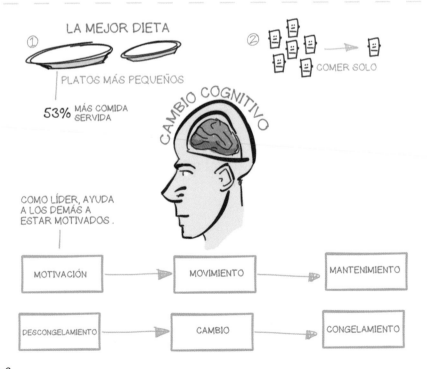

LA MEJOR DIETA

① PLATOS MÁS PEQUEÑOS

53% MÁS COMIDA SERVIDA

② COMER SOLO

CAMBIO COGNITIVO

COMO LÍDER, AYUDA
A LOS DEMÁS A
ESTAR MOTIVADOS.

| MOTIVACIÓN | → | MOVIMIENTO | → | MANTENIMIENTO |

| DESCONGELAMIENTO | → | CAMBIO | → | CONGELAMIENTO |

Para motivar a las personas a cambiar, debes ayudarlos a ver y sentir la importancia del cambio.

El cambio es consecuencia de un descongelamiento de la manera en que las cosas siempre se han hecho, lo cual abre la oportunidad para el cambio. El cambio requiere que termine el pasado y conduce a un periodo en una zona neutral, para después establecer el nuevo comienzo.

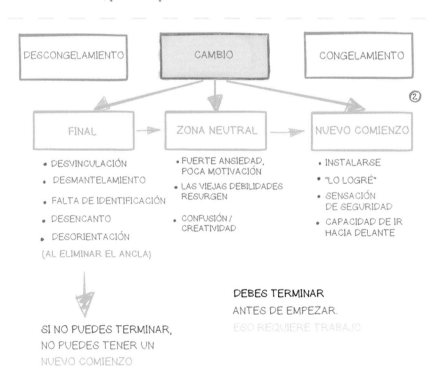

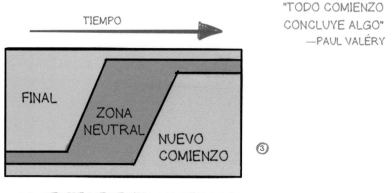

"TODO COMIENZO CONCLUYE ALGO"
—PAUL VALÉRY

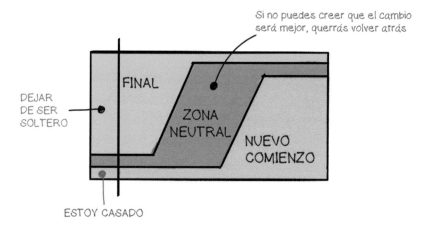

Un buen ejemplo de esto es cuando alguien se casa. Intercambiar votos detona el nuevo comienzo y requiere que la pareja termine con el pasado de ser solteros y con aquello con lo que estaban cómodos en esa vida previa. Esto hace que por algún tiempo estén en una zona neutral. La creencia de que el futuro será mejor les permitirá aceptar el nuevo comienzo, abandonando el pasado y cambiando verdaderamente.

ES MEJOR ATRAVESAR ESTE
PROCESO QUE NEGARLO.
DE LO CONTRARIO, LAS
CONSECUENCIAS SERÁN
CATASTRÓFICAS.

EL CAMBIO ES UNA   SIN   LA TRANSICIÓN
INTERRUPCIÓN   EMBARGO   NO ES TAN
                            TAJANTE

CÓMO HACER QUE LA GENTE ATRAVIESE EL CAMBIO

① VENDE EL PROBLEMA, NO LA SOLUCIÓN
        (EMOCIONALMENTE)   (COGNITIVAMENTE)

                        RECUERDA, EL ELEFANTE ES
                        MÁS PODEROSO.

② IDENTIFICA QUIÉN PERDERÁ QUÉ
    TE PERMITE PREPARARTE Y EMPATIZAR

③ ACEPTA LA REALIDAD DE LAS PÉRDIDAS SUBJETIVAS
    EL DOLOR PUEDE SER MÁS PROFUNDO DE LO QUE CREES

④ TRATA AL PASADO CON RESPETO

⑤ ROMPER CON EL PASADO ASEGURA LA CONTINUIDAD
    DE LO QUE REALMENTE IMPORTA

PROPÓSITO: ¿POR QUÉ ESTAMOS CAMBIANDO?

 IMAGEN: ¿CÓMO SERÁ?

 PLAN: ¿CÓMO LLEGAREMOS AHÍ?

 ROL: ¿CUÁL ES MI LUGAR?

Cuando le presentas a la gente el proceso de cambio, ayúdalos a comprender el propósito, la imagen, el plan y qué rol desempeñan en él. Sé paciente y recuerda que, aunque los planes pueden tener sentido para ti, quizá para los demás todavía no, o no tienen toda la información.

DONDE ESTÁN LOS DEMÁS

TÚ ESTÁS AQUÍ Y PIENSAS QUE TODOS ESTÁN AHÍ TAMBIÉN

CUIDADO

① RECUERDA EL EFECTO MARATÓN ③

QUIZÁ TÚ HAYAS CAMBIADO, PERO LOS DEMÁS NO

② MIDE DOS VECES, CORTA UNA SOLA VEZ

PLANEA Y PREPARA. VALE LA PENA TOMARTE EL TIEMPO PARA ELLO

GESTIÓN DE CAMBIO:

AYUDAR A LA GENTE A
COMPRENDER EL CAMBIO
DESEADO Y LOGRAR QUE
SUCEDA

AL HACER ESTO

NO OLVIDES ESTO

GESTIÓN DE TRANSICIÓN:

CONVENCE A LA GENTE
A DEJAR EL HOGAR

ESTRATEGIA DE BAJO COSTO

ENCUENTRA APOYOS
AL PRINCIPIO ACTÚA DE FORMA INFORMAL /
A PEQUEÑA ESCALA. CONSTRUYE EL
MOMENTUM Y DESPUÉS PROCEDE FORMALMENTE

Los grandes cambios organizacionales deben ser estratégicos, calcula-
dos y precisos. No pueden suceder como disparo de escopeta, sino como
los tiros precisos de un rifle.

DISPAROS DE ESCOPETA VS. TIROS DE RIFLE
CONSTRUYE EL GRUPO AMOROSO

Advertencia: lo siguiente es asqueroso. Imagina que estás en una comida con tu familia y al centro de la mesa hay un perro muerto, pero nadie habla al respecto. Ésa es una familia disfuncional. ¿Tienes una organización disfuncional? ¿Qué es aquello de lo que no se habla?

Recuerda, debe ser preciso. Precisión de francotirador. Preparen, apunten, fuego. La elección del momento justo, la secuencia de los hechos y la credibilidad lo son todo. Planea tu estrategia de comunicación y sube a bordo a las personas correctas.

Una estrategia de gestión de cambio es influir en las personas correctas dentro de la organización.

CEO
(O DIRECTOR GENERAL)

INFLUIR EN LOS ALTOS MANDOS NO SE FILTRA HACIA ABAJO

VICEPRESIDENTE

VICEPRESIDENTE

DIRECTORES

DIRECTORES

EMPLEADOS

LOGRAN 1:15 INDIVIDUALMENTE

CEO

COMUNICACIÓN INFORMAL

NO FUNCIONA VERTICALMENTE

LOGRA 1:15 ANTES

ESTÁS VENDIENDO EL

CAMBIO

NO ES "MI PROYECTO"

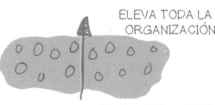

ELEVA TODA LA ORGANIZACIÓN

EN SU CONJUNTO

CAPÍTULO QUINCE

PENSAMIENTO ESTRATÉGICO

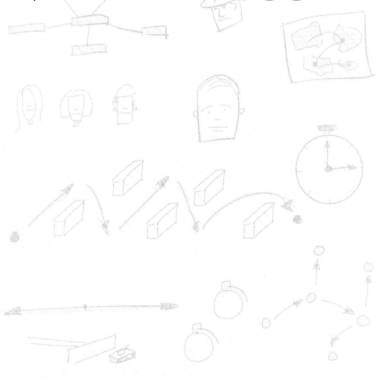

Al echar un vistazo a la historia de los líderes podemos aprender de sus éxitos y sus fracasos.

Los hombres del general Lee no sabían por qué daba ciertas instrucciones o por qué no lograba comunicar sus pensamientos. Como líder es fácil tener la visión en nuestras mentes, pero si no la comunicamos efectivamente perderemos la guerra.

ÉL NO ESCUCHÓ A SU
GENERAL DE CONFIANZA

¿DE DÓNDE
PROVIENE
TU ÉXITO?

¿DE UNA ESTRATEGIA DEFENSIVA
O
DE LA MORAL DE TUS HOMBRES?

NECESITAS
ADAPTARTE
A LAS
CCIRCUNSTANCIAS CAMBIANTES
O CAMBIAR EL ENTORNO PARA
QUE LA ESTRATEGIA FUNCIONE

LEE ENFATIZABA
MUCHO LA MORAL

LOS GRANDES LÍDERES
OYEN

PARA EL ÉXITO NECESITAS
PERSONAS COMPROMETIDAS
E INVOLUCRADAS

En un momento crítico el general Lee no escuchó a sus generales y fue incapaz de adaptarse a las circunstancias cambiantes a su alrededor. Con frecuencia levanta un inventario de la situación a tu alrededor y adáptate para que te mantengas a la cabeza.

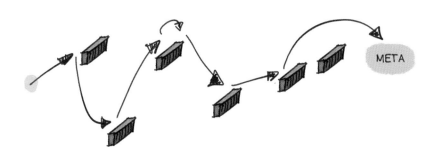

META

Winston Churchill era un líder estratégico en todo lo que hacía, incluyendo su carrera, mientras intencionalmente tomaba posiciones específicas para aumentar su influencia.

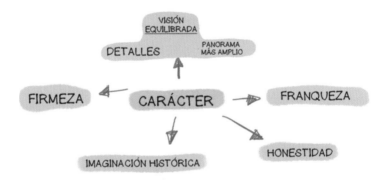

Churchill valoraba estos rasgos de carácter como líder y le servían muy bien para su liderazgo.

"El éxito es la capacidad de ir de fracaso en fracaso sin perder el entusiasmo." —Churchill

1

PRIMERO toma decisiones
estratégicas clave

↓

2

Elige un liderazgo superior

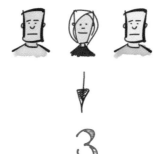

↓

3

Brinda una dirección clara
y luego despeja el camino para
que puedan actuar de forma
efectiva

PONDERA

DESPUÉS ACTÚA
CON FIRMEZA

LA RESPONSABILIDAD
NECESITA UNA
AUTORIDAD EQUIVALENTE

Para que los individuos sean exitosos al tener una responsabilidad, necesitan la autoridad equivalente para llevar a cabo sus tareas; de lo contrario, sólo terminarán fracasando. Churchill creía que entre más pudieras ver la historia del pasado, más podrías mirar hacia el futuro.

CUANTO MÁS ATRÁS PUEDAS VER
MÁS ADELANTE PODRÁS MIRAR

HISTORIA   **PRESENTE**   FUTURO

TOMA DE DECISIONES COLECTIVA

CONDUCE AL APLAZAMIENTO

Tratar los asuntos de forma conjunta no es lo mismo que la toma de decisiones colectiva. La primera se trata de reunir las mejores reflexiones para informar sobre una decisión; la segunda sólo conduce a "aplazar" (o llegar a un punto medio), lo cual no es efectivo. El liderazgo fuerte escucha, pero también sabe cuándo tomar una decisión.

EISENHOWER

- MILITAR ADAPTADO Y DE CONFIANZA
- ESCUCHABA A SU GENTE
- DIRIGÍA POR MEDIO DE LA INSPIRACIÓN
- CALMADO, CON SENTIDO COMÚN, SERENO
- ESPERABA LOGRAR ACUERDOS
- INTEGRABA A SU GENTE
- ERA OPTIMISTA Y ELEVABA LA MORAL

HITLER

- DICTABA ÓRDENES INAMOVIBLES
- NO ESCUCHABA A SU GENTE
- DIRIGÍA POR MEDIO DEL MIEDO
- REACTIVO
- DICTABA ÓRDENES
- DESCONFIADO
- ESTOICO E INSTIGABA TEMOR

Los estadunidenses sacudieron a los nazis en la batalla de las Ardenas, en gran parte por el liderazgo de Eisenhower. Dirigió a su ejército de una manera y enfoque casi opuestos a los de Hitler, y eso le funcionó muy bien.

EISENHOWER

TOMA DE DECISIONES

CONSEJO Y CONSENSO → ESPERA HASTA QUE DEBAS DECIDIR → EJECUTA

CAPÍTULO DIECISÉIS

CREATIVIDAD
E
INNOVACIÓN

DIBUJAR ES UNA ENTRADA A LA CREATIVIDAD

COMO UNA HERRAMIENTA DE PENSAMIENTO ASOCIATIVO

70%

DE LA CREATIVIDAD SON PATRONES DE

TRABAJO

NIVEL DE GENIALIDAD	EDAD
98%	5
30%	10
12%	15
2%	18+

NASA
PRUEBA DE CREATIVIDAD ①

SI QUIERES SER MÁS CREATIVO CAMBIA TUS HÁBITOS / PATRONES DE TRABAJO

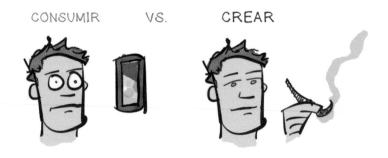

CONSUMIR VS. CREAR

El problema en la actualidad es que la mayoría de la gente dedica su tiempo a CONSUMIR en vez de CREAR. Haz un compromiso real para comenzar a crear. Te beneficiará en tu vida personal y profesional.

EDUCACIÓN TÍPICA   VS.   CREATIVIDAD

CONVERGENCIA   DIVERGENCIA

CONFORMISMO, UN DESTINO   CURIOSIDAD, EXPLORACIÓN

Hacer una lluvia de ideas consiste en pensar en la mayor cantidad posible de ideas: locas, imposibles. Sólo sácalas. La generación de ideas implica divergencia. Aunque sea tentador, no critiques ninguna idea hasta que todas sean puestas sobre la mesa.

Una vez que hayas hecho eso, es hora de filtrar las ideas (convergencia). Ahora ponte en el papel del ejecutivo y elimina las malas ideas. Recuerda, la única forma de dar con una gran idea es primero mediante la divergencia y después con la convergencia.

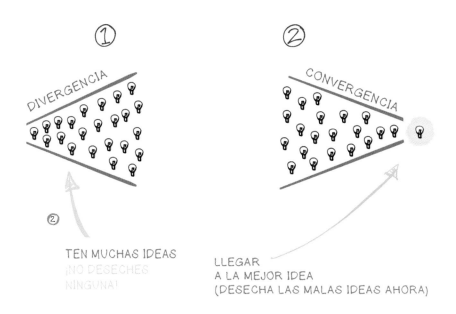

① DIVERGENCIA

② TEN MUCHAS IDEAS
¡NO DESECHES NINGUNA!

② CONVERGENCIA

LLEGAR
A LA MEJOR IDEA
(DESECHA LAS MALAS IDEAS AHORA)

PROCESO DE LA CREATIVIDAD

ROMPE EL
STATU QUO

PENSAMIENTO
ASOCIATIVO
·
ESENCIA FUNDAMENTAL
DE LA CREATIVIDAD

NUEVAS IDEAS

Primero, piensa de manera creativa. Después, asocia tus pensamientos con cosas que hayas observado o experimentado. Ésta es la esencia de la creatividad. Siempre llena tu "catálogo de fichas" con experiencias y conocimientos. Después toma esas fichas y combínalas de diferentes formas.

RECOMBINACIÓN DEL CONOCIMIENTO

LAS EXPERIENCIAS CREAN
NUEVAS PERCEPCIONES
EN NUESTRA MENTE

LOS CREATIVOS
SON FELICES
PORQUE SIEMPRE
ESTÁN LLENANDO
SU CATÁLOGO
DE FICHAS

CREA CREATIVIDAD

① LLENA TU
CATÁLOGO
DE FICHAS

② COMBINA LAS FICHAS

- RECOMBINA DE FORMA DELIBERADA

- LA BUENA SUERTE FAVORECE
A LA MENTE PREPARADA

(LA MENTE YA PIENSA SOBRE EL PROBLEMA)

③ ENCUENTRA NUEVAS
IDEAS CREATIVAS

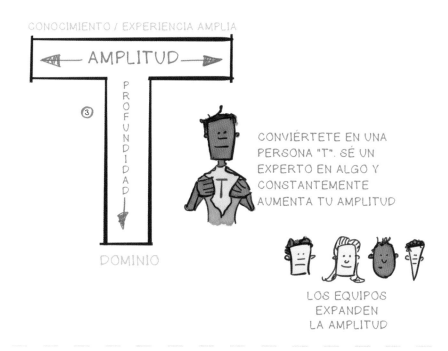

CONVIÉRTETE EN UNA PERSONA "T". SÉ UN EXPERTO EN ALGO Y CONSTANTEMENTE AUMENTA TU AMPLITUD

LOS EQUIPOS EXPANDEN LA AMPLITUD

Los equipos son indispensables para expandir tu amplitud. Incluye personas que sean diferentes a ti. Esto ayuda a expandir tu grupo de ideas de forma dramática. Puedes usar estos métodos de pensamiento asociativo en un equipo o individualmente, pero intenta trabajar con equipos lo más que puedas.

MÉTODOS DEL PENSAMIENTO ASOCIATIVO

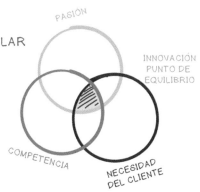

PENSAMIENTO CREPUSCULAR
PENSAMIENTO IMPRECISO

LLUVIA DE IDEAS
PROPIAMENTE DICHA

MAPEO MENTAL
CONEXIONES NO LINEALES

REGISTRO DE IDEAS

SEIS SOMBREROS DE PENSAMIENTO

PROBLEMA

SUFRIMIENTO

BRECHA ENTRE LO QUE ES Y LO QUE DEBERÍA SER

COSTO PERSONAL PARA MÍ

Puedes tener una gran idea que resuelve un problema enorme, pero si a la gente no le importa no lo comprará. Podría ser un artefacto que salve vidas.

El "sufrimiento" es personal. El sufrimiento personal causa que las personas paguen.

SUFRIMIENTO

Cualquier problema o necesidad insatisfecha que la gente pagaría por resolver

SABES QUE TIENES UNA BUENA IDEA CUANDO LA MUESTRAS A **LOS CLIENTES** Y ELLOS SE ENTUSIASMAN

Cuando resuelvas cualquier problema, profundiza en su complejidad. Al brindar la solución final hazla increíblemente simple (elegante). Casi siempre, las soluciones elegantes son mejores que las no elegantes 2-4x.

El Pensamiento Inventivo Sistemático (PIS)[4] es una técnica para usar los productos existentes y crear innovaciones a partir de aplicar cinco modelos de pensamiento distintos.

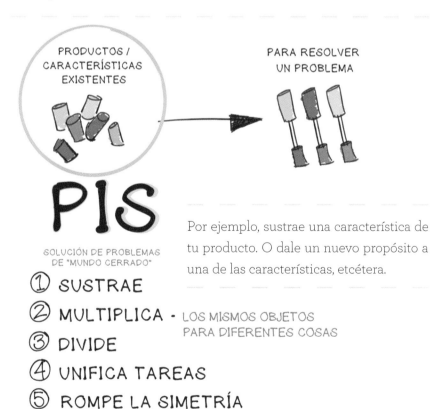

PRODUCTOS / CARACTERÍSTICAS EXISTENTES

PARA RESOLVER UN PROBLEMA

PIS

SOLUCIÓN DE PROBLEMAS DE "MUNDO CERRADO"

Por ejemplo, sustrae una característica de tu producto. O dale un nuevo propósito a una de las características, etcétera.

① SUSTRAE

② MULTIPLICA · LOS MISMOS OBJETOS PARA DIFERENTES COSAS

③ DIVIDE

④ UNIFICA TAREAS

⑤ ROMPE LA SIMETRÍA

La creatividad es un proceso evolutivo. Comenzando con la visión (el día 1), las ideas son probadas, modificadas y probadas de nuevo. A lo largo del proceso se obtiene nuevo conocimiento y el producto se refina al grado de coincidir con la visión y entonces puede ser lanzado. Una clave en el proceso es ser ágil y flexible para adaptarse a la nueva información.

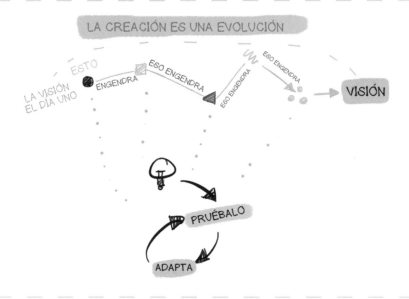

Conferencista invitado: Michael Lee. ⑤

Dedica tiempo a los costos blandos (planeación, generación de ideas). La mayoría de las empresas invierte muy poco tiempo en los costos blandos, lo cual puede ser perjudicial una vez que se lanza un producto, parque temático, etcétera.

LA HISTORIA. ¿POR QUÉ EXISTE ESTO?   ...   **ABSTRACCIÓN**

↓

EXPERIENCIA

↓

VIABILIDAD

↓

FÍSICO   ....   **SOLUCIÓN**

PRIMERO LLEVA AQUÍ A LA GENTE

La gente siempre quiere brincar directo a las soluciones. ALTO. Lleva a la gente de vuelta a la abstracción: ¿cuál es la historia?, ¿por qué existe el producto? Entonces crea la experiencia en tu mente.

NO COMIENCES CON SOLUCIONES FÍSICAS...

COMIENZA CON LA

EXPERIENCIA

EN TU MENTE Y CON LOS COSTOS BLANDOS

Por supuesto, antes de crearlo, necesitas revisar los números y hacer un estudio de factibilidad. Si tiene sentido comercialmente, ENTONCES comienzas a trabajar en la solución.

REALIZA UN ESTUDIO DE **FACTIBILIDAD**

HAZ NÚMEROS

¿EL NEGOCIO TIENE SENTIDO?

No puedes hablar de innovación sin hablar de Clayton Christensen, el profesor de Harvard. El tipo es un genio. Tiene una teoría maestra llamada "trabajo por hacer". ⑥

TRABAJO POR HACER

Una cadena de comida rápida quería vender más malteadas. Realizaron una investigación de mercado y gastaron mucho dinero en saber todo sobre su cliente meta.

HOMBRE

20-45

Realizaron encuestas y grupos focales. Mejoraron sus malteadas refinando la receta, atrajeron nuevos clientes, ¡y les gustó!

MEJORES FRESAS

MALTEADA MÁS SUAVE

¡NO aumentaron las ventas!

45% de las malteadas fueron compradas en la mañana.

Al saber esto, comenzaron a detener a los automovilistas cuando estaban formados en el autoservicio y les preguntaron "POR QUÉ" compraban la malteada. Se enteraron de que los clientes querían algo en qué ocuparse camino al trabajo, que los mantuviera satisfechos hasta la hora del almuerzo. Ése era EL TRABAJO POR HACER, por el cual "contrataban" la malteada.

HASTA QUE COMPRENDIERON POR QUÉ LOS CLIENTES COMPRABAN LA MALTEADA (TRABAJO POR HACER), LAS VENTAS AUMENTARON 7 VECES.

VENTAS ¡7x!

CAPÍTULO DIECISIETE

FUNDAMENTOS DE MARKETING PARA *STARTUPS*

Este curso se trata de encontrar una buena idea, pulir el ángulo competitivo y volverlo rentable. Tomó 20 años perfeccionar este simple modelo.

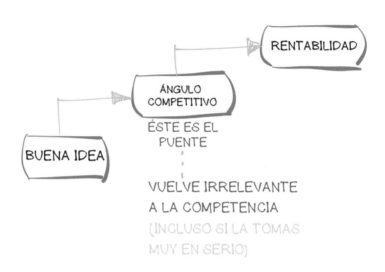

Cómo crear una buena idea

TOMA LOS PRODUCTOS ABURRIDOS

Y

VUÉLVELOS DIVERTIDOS

REINVENTA
LA EXPERIENCIA DEL PRODUCTO
EL MUNDO A TU ALREDEDOR

5 FORMAS DE ENCONTRAR GRANDES IDEAS

1. **RESUELVE EL SUFRIMIENTO COTIDIANO**

   Mira a tu alrededor. ¿Con qué batalla la gente?

2. **SURFEA LA OLA DEL INTERÉS**

   ¿Qué es popular hoy? Aprovéchalo.

3. **EXTIÉNDELO O BRINDA ENTRETENIMIENTO AL EXTREMO**

   ¡Lleva tu idea al extremo! Por algún motivo
   las cosas llevadas al extremo generan
   dinero.

4. **CONSTRUYE ALREDEDOR DE UN PRODUCTO CENTRAL**

   Observa los productos más comunes, encuentra
   cuál es su centro y conviértelos en los MEJORES
   o MÁS DIVERTIDOS. ¡Sé mejor que los demás!

5. **CAZA DE TENDENCIAS**

   ¿Qué es más rentable en otros países que
   no hacemos aquí? Encuéntralo y tráelo.

¿CÓMO SABER SI TIENES UNA BUENA IDEA?
PRUEBA LA CONEXIÓN PERSONAL

FACTOR
WOW

MUESTRA EL PRODUCTO A LA GENTE

LLEVA A CABO SONDEOS CON GRUPOS FOCALES

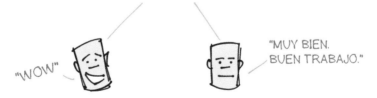

"WOW"

"MUY BIEN.
BUEN TRABAJO."

EN UNA ESCALA DEL 0 (LA IDEA APESTA) AL 10
(¡TOMA MI TARJETA DE CRÉDITO!), ¿CÓMO LO CALIFICARÍAS?

| 0 | DESECHA LA IDEA | 5 | PULE EL ÁNGULO | 7.5 LANZAMIENTO | 10 |

PASOS PARA LLEVAR A CABO SONDEOS CON FOCUS GROUP

PREGUNTA DE MONITOREO

(PARA ASEGURARTE DE QUE EL GRUPO REPRESENTE TU MERCADO META)

"¿USAS (PRODUCTO DE LA MISMA CATEGORÍA)?"

UTILIZA LOS SEIS SOMBREROS DE PENSAMIENTO

BLANCO

Enuncia los datos para el grupo focal. No es momento para críticas, sólo de preguntas y respuestas.

ROJO

Pregunta, en una escala del 1 al 10, si lo comprarían o no.

AMARILLO

Beneficios percibidos o respaldo positivo para el producto.

NEGRO

Defectos percibidos del producto. Es momento de que sean negativos.

VERDE

Ideas para mejorar el producto.

AZUL

Resumen del proceso y aprendizajes a partir del ejercicio de sombreros del pensamiento.

PREGUNTAS A FORMULAR PARA LOS NUEVOS PRODUCTOS

ORDENADOS
POR IMPORTANCIA

1. ¿ES ÚNICO?

2. ¿HAY UNA GRAN NECESIDAD QUE SE PUEDE ABORDAR?

3. ¿DOMINA UNA SITUACIÓN DE USO ESPECÍFICA DEL PRODUCTO?

4. ¿RESULTA FÁCIL VER SU (sandía cuadrada) DISTINCIÓN Y/O BENEFICIO?

5. ¿EXISTE EVIDENCIA CUANTITATIVA DE LA SUPERIORIDAD DEL PRODUCTO?

Cada una de estas preguntas está ordenada por su importancia.

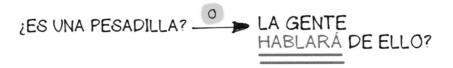

¿ES UNA PESADILLA? — O ➤ LA GENTE HABLARÁ DE ELLO?

¿QUÉ DIRÁ LA GENTE DE TU PRODUCTO?

El ángulo competitivo

El triángulo competitivo tiene tres partes. A: ayuda a alguien a superar un obstáculo, B: es distintivo, C: crea una conexión personal positiva. Cuando se te ocurre una buena idea debes pulir su ángulo competitivo para volverla rentable

A veces tu ángulo se verá desequilibrado como en esta ilustración. Para balancearlo refina los ángulos que no estén bien definidos.

ELEMENTOS DE DIFERENCIACIÓN

※ TÁCTICA ASCENDENTE EXTRAORDINARIA

 SÉ MEJOR QUE LOS DEMÁS

"¿ERES BARATO? ¡NOSOTROS SOMOS DOS
VECES MÁS BARATO!"

MEJOR, MÁS RÁPIDO, MÁS BARATO

SÉ DOS VECES MEJOR, RÁPIDO Y BARATO

 HAZ LO OPUESTO

LECHE ➤ LECHE DE ALMENDRAS SILK, NO "LECHE"

 PRESENTACIÓN Y SINGULARIDAD

ASIENTO AJUSTABLE PARA BAÑO SQUATTY POTTY

El reloj de plasta de vaca es un gran ejemplo de un producto que presenta una singularidad y es mejor que los demás. La única limitación que tuvieron fueron los insumos porque las vacas no hacen caca todo el tiempo.

DPU DECLARACIÓN DE PRODUCTO ÚNICO

RELOJ DE PLASTA
DE VACA

El propulsor acuático comenzó como un producto para limpiar los costados de barcos grandes. Las ventas eran bajas. Tomaron la misma idea, pulieron el ángulo al hacerlo algo único y lo dirigieron hacia un contexto diferente. Las ventas se dispararon al cielo (¡igual que el avión!).

ORIGINALMENTE DISEÑADO PARA LIMPIAR BARCOS

VENTAS

ENTRETENIMIENTO

VENTAS

SI YA TIENES UN PRODUCTO SÉ CREATIVO SOBRE LAS CIRCUNSTANCIAS POSIBLES

Las conexiones personales positivas son indispensables. Ten cuidado de no crear un producto que desencadene una conexión personal negativa.

ROPA INTERIOR DESECHABLE

¿LA COMPRARÍAS? ¿NO? ¿POR QUÉ?

""CUANDO ME LA PONGO ME HACE SENTIR RARO."

CONEXIÓN EMOCIONAL NEGATIVA

Muchas compañías se enfocan en vender características en vez de tomar un enfoque mucho más efectivo al vender beneficios. Muestra a los clientes potenciales la idea y apela a sus emociones, creando una conexión personal positiva.

Sé creativo al buscar diferentes situaciones de uso para tu producto. Una compañía pensaba que su producto era para una sola situación, pero descubrió que su audiencia en verdad quería sentirse única. El proceso es parecido a esto:

¡EMPIEZA! TIENDAS DE CAMPAÑA

¿QUIÉNES LAS QUIEREN?

PERSONAS QUE REALIZAN ACTIVIDADES AL AIRE LIBRE

CARACTERÍSTICAS

* RESISTENTE
* LIGERA
• FÁCIL DE MONTAR

¿CUÁL ES LA SITUACIÓN?
"QUIERO DISFRUTAR LA NATURALEZA"

DOMINA LA SITUACIÓN

!

ÉSA ES LA SITUACIÓN REAL

LA TIENDA DE CAMPAÑA CON VISTA DE 360° PARA EL AVENTURERO

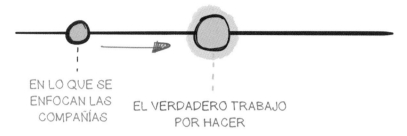

LA SITUACIÓN REAL

EN LO QUE SE ENFOCAN LAS COMPAÑÍAS

EL VERDADERO TRABAJO POR HACER

USA FOCUS GROUP PARA DESCUBRIR LA SITUACIÓN REAL

La realidad es que la mayoría de los clientes usan tu producto por razones distintas a las que originalmente creíste. Hacer sondeos con focus group te ayudará a saber cómo lo están usando, lo que te ayudará a dominar la situación.

DESCUBRE la SITUACIÓN

PRIMERO

Y ÉSTA DETERMINARÁ EL CONJUNTO DE CARACTERÍSTICAS

A partir de tu idea de producto crea una tabla: del lado izquierdo los clientes meta, y en la parte de arriba al menos 10 situaciones diferentes de uso. Encuentra al cliente más rentable con la situación más poderosa y enfócate en ese punto. Aunque es tentador enfocarte en todo, debes enfocarte en UNO SOLO.

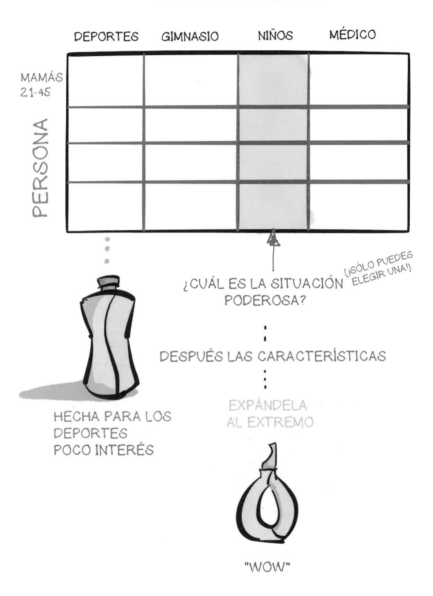

SITUACIÓN DE USO

DEPORTES   GIMNASIO   NIÑOS   MÉDICO

MAMÁS 21-45

PERSONA

¿CUÁL ES LA SITUACIÓN PODEROSA? (¡SÓLO PUEDES ELEGIR UNA!)

HECHA PARA LOS DEPORTES POCO INTERÉS

DESPUÉS LAS CARACTERÍSTICAS

EXPÁNDELA AL EXTREMO

"WOW"

Declaración de la situación

Crear una declaración de la situación te ayudará a enfocar tus esfuerzos

[El cliente meta] quiere [resolver el punto de sufrimiento/ disfrutar el punto de diversión], pero no puede hacerlo debido al [obstáculo]; [el producto] lleva al [cliente meta] a superar el [obstáculo] por medio de [una innovación de valor añadido].

ESTÁS BUSCANDO UNA ESTRATEGIA DE

EL MEJOR PRODUCTO ES AQUEL QUE ANTES DE LANZAR, YA SABES QUÉ COMPAÑÍA LO QUERRÁ COMPRAR

¡INVÍTALOS A FORMAR PARTE DE TU CONSEJO CONSULTIVO!

CAPÍTULO DIECIOCHO

DESEMPEÑO E INCENTIVOS

Si un mariscal de campo está a punto de ser tacleado, ¿debería lanzar el balón o dejarse taclear? El dueño del equipo quiere que lance el balón para que no se lastime, pero el mariscal de campo quiere ser tacleado para tener mejores estadísticas de pases completos. ¿Cómo reconcilias ambas posturas? De eso se trata este capítulo.

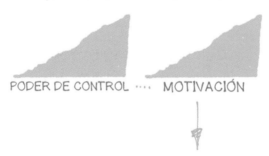

¿POR QUÉ NO INCENTIVARLO
BASADO EN SUS VICTORIAS?
NO PUEDES CONTROLARLAS
"SI NO PUEDO CONTROLARLAS,
¿ENTONCES PARA QUÉ INCENTIVO?"

PODER DE CONTROL ···· MOTIVACIÓN

SENSIBLE A LOS INCENTIVOS
SI HAY UN PROBLEMA DE MOTIVACIÓN
PODRÍA HABER UN PROBLEMA DE CONTROL

TEORÍA DE LA AGENCIA

①

CEO   EMPLEADO
DIRECTOR   AGENTE

APROVECHAMIENTO
MÁXIMO DE LA
UTILIDAD PERSONAL
(BENEFICIO PROPIO)

La teoría de la agencia afirma que el agente querrá maximizar la utilidad para su propio beneficio. La incongruencia en los objetivos es cuando las metas del director y del agente no están alineadas.

INCONGRUENCIA DE OBJETIVOS

PROBLEMA DE AGENCIA

La realidad es que las personas quieren una mayor cantidad de dinero al hacer la menor cantidad de trabajo. Este curso se trata de crear una estructura e incentivos que alineen las metas del negocio con las motivaciones de los empleados.

MENOS CANTIDAD DE TRABAJO

HOMO ECONOMICUS
LA GENTE DESEA

MAYOR CANTIDAD DE DINERO

LOS SISTEMAS DE CONTROL DE LA GESTIÓN
EXISTEN PARA LOS PROBLEMAS DE AGENCIA

INCENTIVOS

METAS DEL NEGOCIO

ARQUITECTURA ORGANIZACIONAL ②

DERECHOS DE DECISIÓN

SISTEMAS DE INCENTIVOS

MEDIDAS DE DESEMPEÑO

NECESITAS LAS **3**, Y TODAS TIENEN IGUAL IMPORTANCIA

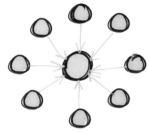

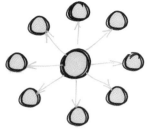

DERECHOS DE DECISIÓN
CENTRALIZADOS

DERECHOS DE DECISIÓN
DESCENTRALIZADOS

CUALQUIER CAMBIO
EN LA ORGANIZACIÓN
REQUIERE UN
CAMBIO EN LA MEDICIÓN
Y LOS
INCENTIVOS

DIRECTOR

AGENTE

EL DIRECTOR
EMPLEA AL AGENTE
PARA MANEJAR
UN ACTIVO EN SU
REPRESENTACIÓN

EL AGENTE TIENE
DERECHOS EN LA
TOMA DE DECISIONES

MEDIDO EN X
ASPECTO POR
SU PLANTA

MEDIDO EN X
ASPECTO POR
SU PLANTA

MEDIDO EN X
ASPECTO POR
SU PLANTA

INCENTIVADO PARA ESTAR AISLADO EN UN PUESTO,
AUNQUE NO BENEFICIE A LA ORGANIZACIÓN

MEDIDAS DE DESEMPEÑO

COMBUSTIBLE VELOCIDAD ALTITUD

NO TE ENFOQUES EN UNA MEDIDA

TABLERO DE

CONTROL

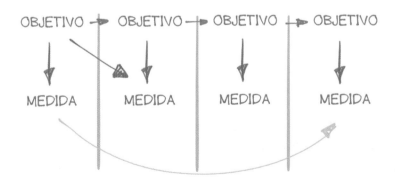

OBJETIVO → OBJETIVO → OBJETIVO → OBJETIVO →

MEDIDA   MEDIDA   MEDIDA   MEDIDA

LOS OBJETIVOS SON FACTIBLES

SI SON MEDIBLES

TABLERO DE
CONTROL ③

EJEMPLO

Perspectiva de los procesos internos	Perspectiva de aprendizaje y crecimiento	Perspectiva del cliente	Perspectiva financiera
Excelencia operativa	Fuerza de trabajo motivada	Encanta al cliente	Aumento en los ingresos
Inventario reducido	Encuestas a los empleados	Satisfacción del cliente	Ventas

REGISTRO DE LOGROS

REVÍSALO ANUALMENTE, POR LO MENOS

COMUNICA EL PRESUPUESTO

LO QUE SE MIDE

SE REALIZA

Sólo pon atención a los sustitutos. Aquí es cuando la medición por sí misma se vuelve el fin. Por ejemplo, medir a los gerentes para saber si tienen o no una comunicación de uno a uno con su equipo. El propósito es ayudar a los miembros del equipo, pero la calidad de esas reuniones podría disminuir si sienten que sólo deben asistir para cumplir.

CAPÍTULO DIECINUEVE

GESTIÓN GLOBAL

La gestión global implica llevar tu producto o negocio al mundo entero, mientras sigues siendo consciente de las necesidades y culturas locales para aumentar tus oportunidades de tener éxito.

DIFERENCIAS CULTURALES, PREFERENCIAS, NECESIDADES

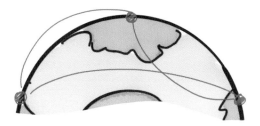

NO SÓLO LA GEOGRAFÍA
CAUSA LA DISTANCIA

Las compañías han hecho muchos intentos fallidos por abrir nuevos mercados alrededor del mundo, para descubrir que su producto en realidad no satisface deseos o necesidades del mercado. A pesar de ser muy tentador entrar en mercados como China, toma mucho tiempo y esfuerzo comprender a fondo las diferencias culturales en actitudes, comportamientos, expectativas y valores.

CULTURA

ACTITUDES

COMPORTAMIENTOS

EXPECTATIVAS

VALORES

APRENDIDOS

COMPARTIDOS

TRANSMITIDOS

POR UN GRUPO
DE PERSONAS

CAGE

ENFOQUE DE DISTANCIA [1]

La distancia es creada por diversos elementos además de la geografía. Al analizar tu estrategia internacional, el enfoque CAGE te ayudará a navegar a través de dificultades potenciales.

C DIFERENCIAS ULTURALES

¿Cuáles son las diferentes lenguas? ¿Etnicidades? ¿Religiones? ¿Valores? ¿Normas?

A DIFERENCIAS DMINISTRATIVAS

¿Cuál es el panorama político? ¿Cuál es el sistema legal? ¿La moneda?

DIFERENCIAS GEOGRÁFICAS

¿Cuál es la distancia física entre los países? ¿Zonas horarias? ¿Climas?

DIFERENCIAS ECONÓMICAS

¿Cuáles son las diferencias entre ricos y pobres? ¿Cuál es la infraestructura? ¿Y los recursos naturales o financieros?

CULTURAL	ADMINISTRATIVO	GEOGRÁFICO	ECONÓMICO

Ahora te resultará fácil colocar las respuestas a esas preguntas en una tabla para tenerlas como referencia al planear y compartir tu estrategia. Considerar esas cuatro áreas te ahorrará muchos problemas al expandir tu negocio.

CAPÍTULO VEINTE

INTEGRARLO TODO

¡Vaya! Hemos visto muchas cosas. Veamos cómo encaja todo para un nuevo negocio. ¡Espero que esta guía de referencia te ayude a lo largo de la travesía de tu propio negocio!

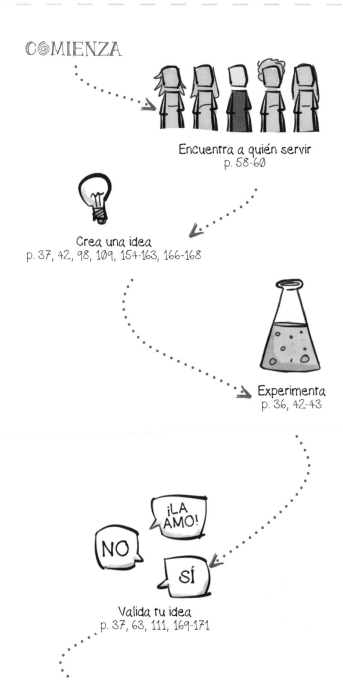

COMIENZA

Encuentra a quién servir
p. 58-60

Crea una idea
p. 37, 42, 98, 109, 154-163, 166-168

Experimenta
p. 36, 42-43

Valida tu idea
p. 37, 63, 111, 169-171

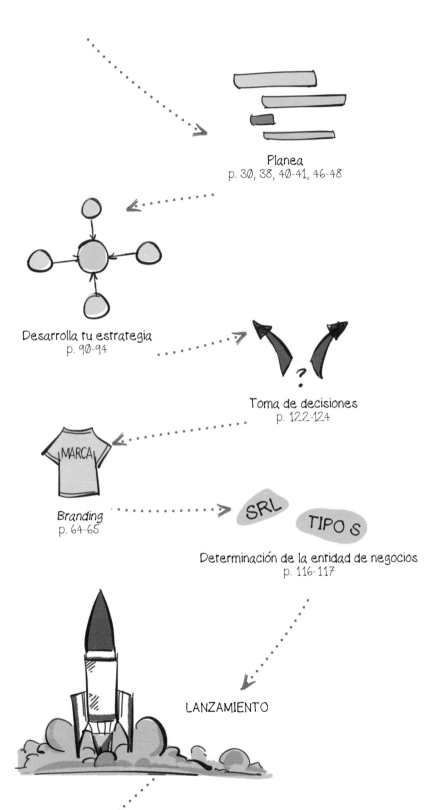

Planea
p. 30, 38, 40-41, 46-48

Desarrolla tu estrategia
p. 90-94

Toma de decisiones
p. 122-124

MARCA

Branding
p. 64-65

SRL

TIPO S

Determinación de la entidad de negocios
p. 116-117

LANZAMIENTO

Marketing

Mide y diagnostica

Refina tu producto y tu marketing

Solución de problemas

Liderazgo

Ética

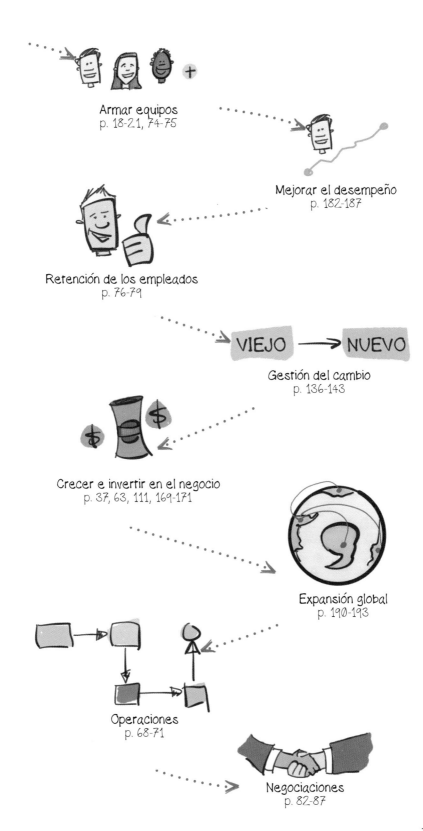

Armar equipos
p. 18-21, 74-75

Mejorar el desempeño
p. 182-187

Retención de los empleados
p. 76-79

VIEJO → NUEVO

Gestión del cambio
p. 136-143

Crecer e invertir en el negocio
p. 37, 63, 111, 169-171

Expansión global
p. 190-193

Operaciones
p. 68-71

Negociaciones
p. 82-87

Pensamientos finales

¿Te sientes más inteligente? Qué bien. Has comprendido mucho. Has hecho conexiones. Has aprendido nuevas cosas. Ahora es el momento de aplicarlas.

Setenta por ciento del aprendizaje sucede en la experiencia, así que ahora depende de ti. ¿Qué funcionó? ¿Qué no funcionó? ¿Qué puede ser mejorado?

El aprendizaje nunca termina. Sócrates vivió hace más de dos mil años (469-399 a.C.) y sabía de lo que hablaba. Profundiza, pregúntate "¿por qué?", desafía, formula preguntas y después ACTÚA. Comprenderás el panorama completo y no sólo los fragmentos. Eres un artista con muchos lienzos por llenar con tu curiosidad intelectual y descubrimientos. Si puedes hacer notas visuales de algunos de ellos a lo largo del camino, mejor.

Si tomas una sola idea de este libro y la aplicas, la pones a prueba, aprendes y creces, todas las horas que invertiste leyendo este libro habrán valido la pena.

Gracias por comprar y leer este libro. Espero que me cuentes tus experiencias y aprendizajes al aplicar estos conceptos. Siéntete libre de contactarme por Twitter: @jasbarron

Buenos deseos,
Jason Barron

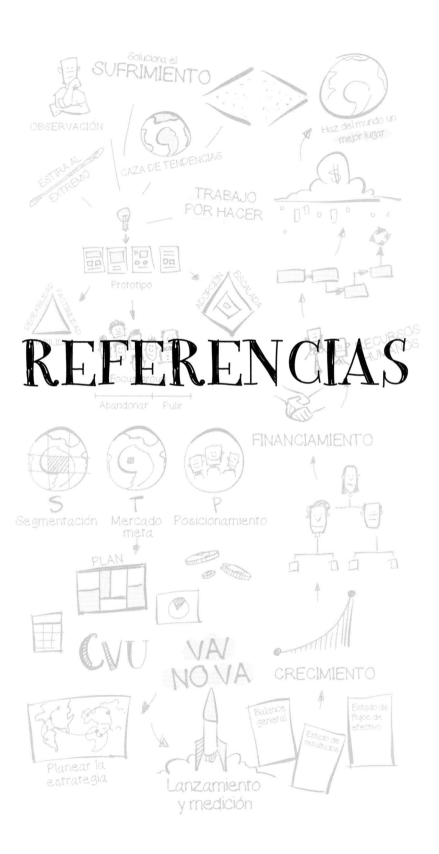

REFERENCIAS

Capítulo 1

1. Ulrich, Dave, y Norm Smallwood, "Building a Leadership Brand", *Harvard Business Review* (julio-agosto de 2007).
2. Ulrich, Dave, y Norm Smallwood, "Five Steps to Building Your Personal Leadership Brand", *Harvard Business Review* (diciembre de 2007).
3. Goman, Carol K., "Seven Seconds to Make a First Impression", *Forbes* (febrero de 2011). https://www.forbes.com/sites/carolkinseygoman/2011/02/13/seven-seconds-to-make-a-first-impression/#4d31f1dd2722.
4. Pink, Daniel H., *Drive: The Surprising Truth About What Motivates Us*, Nueva York, Riverhead Books, 2009.
5. Lindquist, Rusty, "Finding Your Own Personal Sweet Spot", *Life Engineering blog* (agosto de 2008). https://life.engineering/finding-your-own-personal-sweet-spot/
6. Profesor Sumantra Ghoshal, discurso en el Foro Económico Internacional en Davos, Suiza (s.f.). https://www.youtube.com/watch?v=UUddgE8rI0E.
7. Schwartz, Tony, y Catherine McCarthy. "Manage Your Energy, Not Your Time", *Harvard Business Review* (octubre de 2007).
8. Dyer, William G., W. Gibb Dyer, Jr., y Jeffrey H. Dyer, *Team Building: Proven Strategies for Improving Team Performance* (4a. ed.), San Francisco, Jossey-Bass, 2007.

Capítulo 3

1. Ideo, "How to Prototype a New Business", entrada de blog. https://www.ideou.com/blogs/inspiration/how-to-prototype-a-new-business.
2. Mankin, Eric, "Can You Spot the Sure Winner?", *Harvard Business Review* (julio de 2004).
3. Levy, Steven, *The Perfect Thing: How the iPod Shuffles Commerce, Culture, and Coolness*, Nueva York, Simon & Schuster, 2007.
4. https://dschool.stanford.edu/resources.

Capítulo 4

1. Monte Swain, "The Management Process", en "Management Accounting and Cost Concepts", capítulo 15 en W. Steve Albrecht *et al.*, *Accounting: Concepts and Applications*, Boston, Cengage Learning, 2007.

Capítulo 6

1. Reynolds, Thomas J., y Jonathan Gutman, "Laddering Theory, Method, Analysis, and Interpretation", *Journal of Advertising Research* (febrero-marzo de 1988).
2. Sinek, Simon, "How Great Leaders Inspire Action", TED Talk dictada en Puget Sound, Washington, septiembre de 2009. https://www.ted.com/talks/simon_sinek_how_great_leaders_inspire_action.

Capítulo 7

1. Gray, Ann E., y James Leonard, "Process Fundamentals", Harvard Business School Background Note 696-023, septiembre de 1995. (Revisado en julio de 2016.)

Capítulo 8

1. Hackman, J. Richard, y Greg R. Oldham (1975), "Development of the Job Diagnostic Survey", *Journal of Applied Psychology* 60 (2): 159-170.
2. Herzberg, Frederick, "The Motivation-Hygiene Concept and Problems of Manpower", *Personnel Administrator* 27 (enero-febrero de 1964): 3-7.
3. Dyer, William G., W. Gibb Dyer, Jr., y Jeffrey H. Dyer. *Team Building: Proven Strategies for Improving Team Performance* (4a. ed.), San Francisco: Jossey-Bass, 2007.

Capítulo 9

1. Forsyth, D. R., *Group Dynamics*, Belmont, Massachusetts, Wadsworth, Cengage Learning, 2010.
2. Fisher, Roger, Bruce Patton, y William Ury, *Getting to Yes: Negotiating Agreement Without Giving In*, edición revisada, Nueva York, Penguin Books, 2011.
3. Diamond, Stuart, Getting More: *How You Can Negotiate to Succeed in Work and Life*, Nueva York, Crown Business, 2012.

Capítulo 10

1. Porter, Michael, "How Competitive Forces Shape Strategy", *Harvard Business Review* (marzo de 1979).
2. Porter, Michael, "What Is Strategy", *Harvard Business Review* (noviembre-diciembre de 1996).
3. Barney, J. B., y W. S. Hesterly, "VRIO Framework", en *Strategic Management and Competitive Advantage*, Upper Saddle River, Nueva Jersey, Pearson, 2010, pp. 68-86.
4. Kim, W. C., y R. Mauborgne, *Blue Ocean Strategy: How to Create Uncontested Market Space and Make the Competition Irrelevant*, Boston, Harvard Business Review Press, 2005.

Capítulo 12

1. Drucker, Peter F., *Innovation and Entrepreneurship*, Nueva York, HarperBusiness, 2006.

Capítulo 13

1. Hammond, John S., Ralph L. Keeney y Howard Raiffa, *Smart Choices: A Practical Guide to Making Better Decisions*, Boston, Harvard Business Review Press, 2015.

2. Kahneman, Daniel, *Thinking, Fast and Slow*, Nueva York, Farrar, Straus and Giroux, 2013.

3. Tversky, Amos, y Daniel Kahneman (1973), "Availability: A Heuristic for Judging Frequency and Probability", *Cognitive Psychology* 5 (2): 207-232.

4. Kahneman, Daniel, y Amos Tversky (1972), "Subjective Probability: A Judgment of Representativeness", *Cognitive Psychology* 3 (3): 430-454.

5. Kahneman, Daniel, y Amos Tversky (1979), "Prospect Theory: An Analysis of Decision under Risk", *Econometrica* 47 (2): 263.

6. Tversky, A. y D. Kahneman (1974), "Judgment under Uncertainty: Heuristics and Biases", *Science* 185 (4157): 1124-1131.

7. Lichtenstein, Sarah, Baruch Fischhoff y Lawrence D. Phillips, "Calibration of Probabilities: The State of the Art to 1980", en Daniel Kahneman, Paul Slovic y Amos Tversky, *Judgment Under Uncertainty: Heuristics and Biases,* Cambridge, Reino Unido, Cambridge University Press, 1982, pp. 306-334.

8. Kunda, Z. (1990), "The Case for Motivated Reasoning", *Psychological Bulletin* 108 (3): 480-498.

Capítulo 14

1. Doran, G. T. (1981), "There's a S.M.A.R.T. Way to Write Management's Goals and Objectives", *Management Review,* AMA FORUM 70 (11): 35-36.

2. Lewin, Kurt (1947), "Frontiers in Group Dynamics: Concept, Method and Reality in Social Science; Social Equilibria and Social Change", *Human Relations* 1: 5-41.

3. Bridges, William, *Managing Transitions*, Boston, Nicholas Brealey Publishing, 2009.

Capítulo 16

1. Ainsworth Land, George T., y Beth Jarman, *Breakpoint and Beyond: Mastering the Future. Today*, Champaign, Illinois, HarperBusiness, 1992.

2. Gray, Dave, Sunni Brown y James Macanufo, *Gamestorming*, Sebastopol, California, O'Reilly Media, 2010.

3. "The Hunt Is on for the Renaissance Man of Computing", *The Independent,* 17 de septiembre de 1991.

4. Creado por Ginadi Filkovsky, Jacob Goldenberg y Roni Horowitz.

5. Michael Lee, http://mldworldwide.com.

6. Clayton Christensen *et al.*, "Know Your Customers' 'Jobs to be Done'", *Harvard Business Review* (septiembre de 2016).

Capítulo 17

1. De Bono, Edward, *Six Thinking Hats: An Essential Approach to Business Management*, Boston: Little, Brown & Company, 1985.

Capítulo 18

1. Eisenhardt, K. (1989), "Agency Theory: An Assessment and Review", *Academy of Management Review* 14 (1): 57-74.
2. Gupta, Mahendra R., Antonio Davila y Richard J. Palmer. https://olin.wustl.edu/EN-US/Faculty-Research/research/Pages/performance-effects-organizational-architecture.aspx.
3. Kaplan, Robert S, y D. P. Norton, *The Balanced Scorecard: Translating Strategy into Action*, Boston, Harvard Business Review Press, 1996.

Capítulo 19

1. Enfoque creado por Pankaj Ghemawat, http://www.ghemawat.com/.

Agradecimientos

Quiero agradecer especialmente a mi maravillosa, comprensiva, fuerte y hermosa esposa, Jackie. Siempre me ha motivado y no se quejó ni una sola vez durante toda mi Maestría en Administración de Empresas (y tampoco cuando creaba este libro), mientras ella criaba a nuestros cinco hijos.

También agradezco a mis increíbles compañeros de clases de quienes aprendí tanto y quienes serán mis amigos toda la vida.

Un enorme agradecimiento a todos los excelentes profesores que hicieron que mi experiencia en la maestría fuera tan exigente y satisfactoria: Curtis LeBaron y Michael Thompson (Liderazgo); Jim Stice (Informes financieros corporativos), Nile Hatch (Dirección, creatividad e innovación empresarial), Monte Swain (Contabilidad administrativa), Colby Wright (Finanzas empresariales), Glenn Christensen y Michael Swenson (Marketing), Daniel Snow y Cindy Wallin (Administración de operaciones), John Bingham y Peter Madsen (Administración estratégica de recursos humanos), Bruce Money (Negociaciones comerciales y gestión global), Mark Hansen (Estrategia, Pensamiento Estratégico), Brad Agle (Ética Empresarial), Jim Brau (Finanzas para emprendedores), Bill Tayler y Doug Prawitt (Deliberación y toma de decisiones), Paul Godfrey (El rol del gerente general), Gary Rhoads y David Whitlark (Fundamentos de marketing para *startups*), y finalmente Steve Smith y Bill Tayler (Desempeño e incentivos).

Quiero agradecer a mi madre, Faith, que siempre me enseñó a presentar mi mejor trabajo sin importar lo pequeño del proyecto; a mi hermano Matt por su retroalimentación y apoyo; a mi agente David Fugate y al maravilloso equipo de Houghton Mifflin Harcourt.

Esta obra se imprimió y encuadernó en
el mes de agosto de 2020, en los talleres
de Gráficas 94, que se localizan en
la Calle Berguedà 6, nave 4-6, Pol. Ind Can Casablanca,
C.P. 08192, Sant Quirze del Vallès (España).